ŒDIPE ET LAÏOS

Dialogue sur l'origine de la violence

© L'Harmattan, 2003
ISBN : 2-7475-4921-6

Olivier MAUREL
Michel POUQUET

ŒDIPE ET LAÏOS

Dialogue sur l'origine de la violence

L'Harmattan	**L'Harmattan Hongrie**	**L'Harmattan Italia**
5-7, rue de l'École-Polytechnique	Hargita u. 3	Via Bava, 37
75005 Paris	1026 Budapest	10214 Torino
FRANCE	HONGRIE	ITALIE

Collection Crise et Anthropologie de la relation
dirigée par Marie-Louise Martinez

Une situation actuelle de crise diffuse, insidieuse ou paroxystique est observable dans différents champs et domaines de la culture (famille, éducation, médecine et thérapie, entreprise, médias, sport, art, droit, politique, religion, etc.). Elle est envisagée selon diverses perspectives (littérature, sciences humaines : psychologie, sociologie, anthropologie, philosophie, etc.) et bien souvent selon des approches interdisciplinaires, pluridisciplinaires et transdisciplinaires. Ces recherches et travaux donnent lieu à un véritable paradigme qui pourrait bien contribuer à définir un nouvel humanisme. Il paraît utile de les rassembler, pour rendre plus perceptibles leur cohésion et leur convergence malgré les diversités ou grâce à elles.

Cette collection se propose de publier en langue française des ouvrages (inédits ou traductions) dont les traits communs sont :
– décrire, analyser et déconstruire la crise et la violence qui se manifestent par des dysfonctionnements intrasubjectif, intersubjectif, institutionnel, civil,
– dévoiler la relation et le lien dans ses perturbations comme ses ruptures : désir, mimétisme, indifférenciation, exclusion…,
– décrire et analyser afin de substituer à certaines règles relationnelles une communication intersubjective, institutionnelle, civile, de respect de la personne et d'ouverture à l'Altérité.

Déjà parus

Jean-Paul MUGNIER, *Le silence des enfants*, 1999.
Jean-Paul MUGNIER, *L'enfance meurtrie de Louis-Ferdinand Céline*, 2000.
Francis JACQUES, *Écrits anthropologiques*, 2000.
Gérard LUROL, *Emmanuel MOUNIER ; Genèse de la personne*, 2000.
Gérard LUROL, *Emmanuel MOUNIER ; Le lieu de la personne*, 2000.
M.L. MARTINEZ, J. SEKNADJE-ASKENAZI, *Violence et éducation*, 2001.
Olivier MAUREL, *Essais sur le mimétisme*, 2002.
Bernard LASSABLIERE, *Ils sont fous ces humains ! Détritus, la bonne conscience d'Astérix*, 2002.
Marie-Louise MARTINEZ (éd.) *L'émergence de la personne*, 2002.

Introduction

L'échange de lettres qui suit a été provoqué par la publication dans le quotidien toulonnais Var-Matin, d'une interview d'Olivier Maurel, auteur d'un livre sur la violence infligée aux enfants dans l'intention de les éduquer. Michel Pouquet, psychanalyste, a souhaité répondre à cette interview dans le même journal. Olivier Maurel lui a répondu à son tour et un échange de lettres s'en est suivi pendant un an.

Cette correspondance sans ménagements qui porte d'abord sur les châtiments corporels s'oriente ensuite vers l'origine de la violence et la psychanalyse.

Il a semblé aux deux correspondants que cet échange pouvait amener d'éventuels lecteurs à se poser des questions et leur apporter quelques éléments de réponse, c'est pourquoi ils ont eu l'idée de le publier.

En ce qui concerne les premiers échanges, publiés par le journal Var-Matin, il a paru préférable aux deux auteurs de ne donner que la substance de la première interview d'Olivier Maurel et, dans les cas où les envois des deux auteurs avaient été tronqués, d'en publier ici le texte intégral.

Les auteurs.

I

Point de départ du dialogue.

Dans une interview signée Zoé Mouret et publiée le 11 janvier 2002 par le quotidien toulonnais *Var-Matin*, Olivier Maurel répondait à une série de questions sur son livre *La Fessée, Cent questions-réponses sur les châtiments corporels* (La Plage, 2001). Il expliquait que la tendance à punir physiquement les enfants, bien qu'elle remonte aux premières civilisations, n'est pas innée chez l'homme. Elle n'existe pas chez nos plus proches cousins les singes bonobos. Elle est très vraisemblablement un acquis culturel. Comme Alice Miller[1] qui a écrit une préface à son livre, Olivier Maurel demandait l'interdiction spécifique de tous les châtiments corporels infligés aux enfants. "Le Code pénal interdit, comme on sait, les "coups et blessures", mais les châtiments corporels se perpétuent malgré tout dans notre pays. En Suède, ces comportements sont punis par la loi depuis 1979. C'est une bonne mesure et il est probablement significatif que, dans ce pays,

---
[1] Psychothérapeute, auteur de plusieurs livres sur l'influence de l'enfance sur la vie de l'adulte, parmi lesquels *C'est pour ton bien* (Aubier,1984), *L'Enfant sous terreur* (Aubier,1986), *La Connaissance interdite* (Aubier,1990), *Chemins de vie* (Flammarion, 1998), *Libres de savoir* (Flammarion, 2001).

commence à se manifester une diminution sensible de la délinquance."

II

Michel Pouquet 22 janvier 2002

1 - Fustiger la fessée, c'est enfoncer une porte ouverte : personne aujourd'hui ne défend les châtiments corporels. Ils ne relèvent pas de la pédagogie, mais du sadisme de l'éducateur. Tout le monde en convient sans difficulté.

2 - Mais ceci n'empêche évidemment pas qu'il y ait des parents et des éducateurs sadiques. La loi punit les coups et blessures, mais on sait la difficulté d'intervenir lorsque la violence ne laisse aucune trace physique - ce qui est le cas de la fessée. Une loi nouvelle n'y changera rien. Et risque d'être néfaste, en ajoutant au désarroi et au laxisme de parents qui ont du mal à situer leurs responsabilités en ce domaine, tant est grande la confusion des esprits sur la question de la violence.

3 - Car ce qui frappe, c'est la réflexion un peu courte de ceux qui en parlent. S'en tenir à l'adage que "la violence entraîne la violence" est une demi vérité, qui peut laisser croire qu'en se refusant à toute violence, la violence diminuerait. Aussi naïf qu'interdire à l'enfant de jouer avec des soldats de plombs ou des pistolets en plastique. C'est méconnaître que l'être humain est naturellement violent : on le sait depuis longtemps, mais on aurait

tendance à l'oublier aujourd'hui, alors que l'enseignement d'un siècle de pratique de la psychanalyse confirme la violence des pulsions. *"L'enfant est un pervers polymorphe"* notait Freud. Ce n'est pas parce que Freud le dit que c'est vrai : c'est parce que le constatent tous ceux qui se penchent avec un peu d'attention sur l'âme humaine - à commencer par le moindre des praticiens de la psychanalyse. Les rêveurs d'un homme idéal n'en existent pas moins, dans le sillage de Jean-Jacques Rousseau. Qu'ils rêvent, c'est leur affaire. Qu'ils propagent des idées fausses, contraires à ce qu'enseigne une approche rationnelle de l'homme, est dangereux. Le psychanalyste est là, si on veut bien l'écouter, pour vous sortir de rêves utopiques, et vous ramener vers le réel.

4 - Face à la violence pulsionnelle de chacun de nous, à commencer par l'enfant, il est donc nécessaire d'opposer la loi. Or la loi est violente, elle est contrainte, et fait mal. Comme un contre-feu que l'on oppose à la progression du feu. Mais c'est un moindre mal face à une violence qui, autrement, se déchaînerait, et soumettrait les faibles à la "loi du plus fort".

5 - Tout le monde sait qu'il y a aujourd'hui une crise de l'autorité, que les parents ne savent plus très bien se situer après des décennies de discours laxistes.

Surtout les pères, dont certains croient qu'être un "père copain" ou un "papa poule" suffit pour être un bon père... Ils ne savent plus assumer leur rôle, qui est d'aimer leur enfant en lui donnant le sens des limites. Or cela passe par la nécessité de faire entendre à leur enfant que certaines choses ne se font pas.

6 - Et ceci par le langage qui sera le mieux compris.

Chez le tout petit, une tape lui indique clairement l'interdit, mieux que "les gros yeux", sadiques et terrifiants. Les mots prennent le relais, le plus tôt qu'il se peut.

Avant "l'âge de raison" (sept ans, lorsque le sens de la loi est intégré), ce qui est permis et défendu doit être précisé clairement - sinon, c'est l'angoisse, et des troubles caractériels. On ne négocie pas avec un petit, qui n'a pas encore appris à tenir sa parole, et promettra n'importe quoi. L'éducation "à l'américaine" fait là des ravages...

Passé "l'âge de raison", la loi est formulée, mise en place, éventuellement en en discutant avec l'intéressé. En indiquant la sanction en cas de transgression (sanction excluant, je l'ai dit, toute punition corporelle). Et en se méfiant toujours du sadisme qui risque de s'infiltrer, même dans une punition non-physique.

7 - Reste qu'il y aura toujours, quel que soit l'âge, des transgressions agressives, qui méritent une réponse immédiate, imposant à l'enfant (ou à l'adolescent) ce minimum de respect qui permet, ensuite, que l'on parle plus calmement.

Un gamin de quatre ans qui fait un caprice dans un supermarché, et fait tourner sa mère en bourrique devant tout le monde, mérite, s'il n'y a pas d'autre moyen de se faire entendre, une calotte : non parce que la mère est excédée, mais parce qu'il est inadmissible de se plier aux caprices, ou au sadisme, d'un gamin.

Un adolescent de quinze ans qui injurie ses parents sous leur nez mérite une gifle.

On peut discuter ensuite, quand le ton s'est calmé. Entre la gifle qui humilie et celle qui souligne la nécessité du respect de l'autre, ne voit-on pas la différence ?

L'esprit du temps est à l'approche comportementale, qui s'en tient à la matérialité du geste, et néglige sa signification. C'est fort répandu, hélas !

8 - Par ailleurs, une réflexion trop courte sur la question de la violence ne distingue pas entre la violence-châtiment, et la violence-langage d'un geste qui dit la loi et impose ce minimum de loi qu'est le respect de l'interlocuteur.

Françoise Dolto, comme toujours géniale, l'a illustré : avec un gamin en thérapie, assis à côté d'elle et dont elle recevait, sous la table, des coups de pieds "pas exprès". Elle a réagi par un bon coup de pied dans les tibias : "Tu vois., ça fait mal... et maintenant, dis-moi ce que ton pied voulait dire à mon pied ?"

9 - Ceux qui ne comprennent pas la nécessaire violence de la loi, pour éviter une violence pire, ne pourraient-ils écouter ce que disent les analystes, qui approchent rationnellement l'âme humaine ? Ne pourraient-ils sortir d'une idéologie angélique, qui bafoue la nécessité de la loi, et ajoute à la violence qu'ils veulent éradiquer?

III

Olivier Maurel 2 février 2002

D'après Michel Pouquet, c'est enfoncer une porte ouverte que de demander l'interdiction des punitions corporelles (tapes, gifles, fessées et autres). Sait-il que 84% des parents français les pratiquent, dont 30% violemment (sondage SOFRES, 2000)? Qu'un enfant sur quatre est encore frappé entre 15 et 18 ans (sondage dans un grand lycée de Toulon)? Qu'en Afrique, 90% des parents pratiquent la bastonnade (enquête UNICEF, mai 2001)? Et que les religions s'opposent dans plusieurs pays à l'interdiction des châtiments corporels à l'école?

D'après Michel Pouquet, la fessée serait *"le résultat du sadisme de l'éducateur"*. La majorité des parents français et africains sont-ils donc sadiques? Si oui, est-il réaliste d'espérer qu'ils n'iront pas au-delà du *"geste qui fera langage"*?

Les coups donnés par les parents sont en réalité, pour la majorité des jeunes enfants, la première expérience de la violence, au moment où leur cerveau est en pleine formation et où s'établit par imitation le répertoire de leurs comportements futurs.

Il faut donner le sens des limites aux enfants. Mais c'est par l'exemple et la parole et dès le plus jeune âge que les enfants l'apprennent le mieux. La meilleure méthode pour apprendre le respect aux enfants, c'est de les respecter *tout en se respectant,* c'est-à-dire en étant capable de leur dire "non" et de les contenir sans violence. Dans 99% des cas, les enfants et les adolescents qui ne respectent pas les autres sont des enfants qui n'ont pas été respectés et, notamment, qui ont été frappés.

Quant au laxisme, il n'est nullement l'opposé des coups et les deux vont souvent de pair.

Si l'on traduit clairement ce que suggère Michel Pouquet, le *"geste qui fera langage"* pour apprendre à l'enfant à respecter la loi, c'est une claque administrée au bon moment. Mais quelle loi peut-on apprendre à un enfant en lui envoyant des claques? *"Ne fais pas aux autres ce que tu ne veux pas qu'on te fasse"*? Ou bien : *"On ne frappe pas un être plus petit que soi"*? Ou encore l'article 222-13 du Code pénal qui interdit les coups avec ou sans blessures et qui aggrave les sanctions quand l'auteur du coup est un ascendant et la victime un enfant de moins de 15 ans?

Les coups apprennent à l'enfant non pas la loi, mais la soumission à la violence et aux violents. Et en l'absence de ses parents ou, plus tard, en l'absence de gendarme, l'enfant ou l'adulte, habitué à n'obéir qu'aux coups, ne tiendra aucun compte de la loi.

Si une loi spécifique d'interdiction des punitions corporelles est nécessaire, c'est parce que la compulsion de répétition qui pousse les adultes à reproduire ou à excuser ce qu'ils ont subi enfants est d'une telle puissance qu'elle ne peut être contrebalancée que par une autorité supérieure à celle des parents. Cette loi doit être assortie non pas de sanctions mais d'une aide aux parents pour une éducation sans violence, comme cela s'est fait dans les pays scandinaves. Car le désarroi de beaucoup de parents vient précisément du fait que, confiant dans la bonne vieille méthode des gifles et des fessées, on ne s'est pas soucié de mettre en place une véritable et indispensable formation à la parentalité.

IV

Olivier Maurel 4 février 2002

Cher Monsieur,
     Nous avons confronté nos points de vue par Var-Matin interposé. Pourquoi ne pas poursuivre la conversation par lettres ou de vive voix?

V

Michel Pouquet   **7 Février 2002**

Cher Monsieur,
    Ce n'est pas une mauvaise idée de continuer le débat, j'y avais moi-même pensé, mais je doutais - et doute toujours - qu'il puisse en sortir un consensus. Ceci dit, cela peut être quand même utile, lorsque deux sont à la recherche d'un peu plus de vrai sur l'homme, et d'une retombée positive sur la société. Nous avons, tous les deux, bien sûr, ceci en commun. Sans cela nous ne nous rencontrerions pas.
    Je vous ai donc lu. Et buté très vite sur ceci : "*la majorité des parents français et africains sont-ils donc sadiques?*" Mais bien sûr... Ne vous récriez pas, et acceptez plutôt cette vérité que permet d'affirmer un siècle de pratique de la psychanalyse - il ne s'agit pas de s'incliner devant un fait parce que Freud ou Lacan le disent, mais parce que l'expérience du moindre des praticiens le constate chaque jour. La psychanalyse est d'ordre rationnel scientifique, même si elle ne peut prouver par la démonstration, comme dans les sciences de la nature. La connaissance de l'âme humaine ne se manipule pas comme celle des neurones. Le psychanalyste ne peut que témoigner : c'est pourquoi vous pouvez très bien ne pas me croire...

J'affirme donc - mais j'affine mon dire : la structure sadomasochiste concerne tous les humains, elle atteste de la présence en chacun de la tentation de manipuler l'autre comme un objet, en sachant bien que ce n'est pas un objet (pour nous en tenir au sadisme). Elle n'est nullement pathologique en soi, seuls ses excès le deviennent. Dans ses formes civilisées et admises, elle est à la base des motivations où la puissance joue un rôle bien sûr, mais aussi des chasseurs, des pêcheurs à la ligne, des vocations humanitaires, de la taquinerie de ceux que l'on aime, etc... et aussi des enseignants ou de ceux qui écrivent des livres : vous et moi... Former l'esprit des jeunes auditeurs, leur enseigner ce qu'on croit vrai et bon, n'est évidemment pas criticable, mais manifeste la présence de cette structure de l'être qui concerne tout le monde.

Sans obligatoirement déboucher sur les monstruosités des tueurs en série, ou la méchanceté des Tatie Danièle[2]. Mais en se révélant clairement chez tout enfant *"pervers polymorphe"* (Freud) : naturellement cruel, brutal, menteur, voleur, etc... et à qui l'éducation doit apprendre que cela ne se fait pas.

La tentation d'exercer sa puissance est sollicitée chez tous les éducateurs et parents : l'enfant est faible, entre leurs mains. C'est pourquoi, en accord avec vous (et malgré les protestations de certains !) les châtiments corporels doivent être proscrits. Mais il faut introduire aussitôt la distinction du châtiment d'avec le geste "qui dit LA Loi", mieux qu'un discours, lorsque les paroles n'ont pas réussi à affirmer l'autorité nécessaire. Les exemples que j'en donne dans ma lettre, ainsi que la pratique de Françoise Dolto, pourront-ils vous convaincre ? J'en doute car,

---

[2] *Tatie Danièle*, film d'Etienne Chatiliez.

et vous avez raison, les dérapages sadiques sont toujours à redouter. Mais croyez-vous qu'il suffise de s'abstenir de gestes qui "frappent" pour éviter le sadisme ? Que les "gros yeux" et les discours terroristes ne sont pas bien davantage perturbants qu'une gifle ? Je vous cite cet exemple, entendu ces jours-ci, d'une mère qui, pour forcer son garçon à travailler (il a huit ans) lui disait *"que s'il travaillait mal, il allait faire mourir le petit frère qui était dans son ventre"* (elle était enceinte). Il ne suffit pas de s'abstenir de coups pour éviter la violence sadique. Je ne prône nullement le recours à la gifle comme systématique : seulement si le reste à échoué et en particulier lorsque le minimum de respect pour l'interlocuteur est bafoué. Vous dites "il faut respecter l'enfant tout en se respectant". Vous pourriez ajouter : et en se faisant respecter.

Si j'ai réagi à votre article "au quart de tour", c'est par exaspération contre une vision trop idéale, qui méconnaît la réalité de l'âme humaine, et la source de la violence au cœur de chacun - qu'il reçoive des coups ou non. L'angélisme ajoute à la violence, en méconnaissant l'inévitable de celle-ci, et en ne la neutralisant pas par le recours à la loi. Et la loi fait toujours violence, en commençant bien sûr par s'opposer aux pulsions des tout petits. A cet âge là, une tape leur fait beaucoup mieux comprendre qu'il y a des limites, que tous les discours. La mise au coin, ou l'exclusion dans sa chambre, dés qu'ils grandissent, sont pour lui tout aussi douloureuses, peut-être même plus, en faisant perdurer l'angoisse de perdre l'amour de la mère, qui est à cet âge le moteur premier. Dés qu'est atteint l'âge de raison, la parole, les contrats, les sanctions diverses prennent le relais. Mais ne proscrivez pas a priori le geste : il a sa place en tant que langage approprié, pas plus. Ce n'est pas *"la bonne vieille méthode des gifles et des fessées"*[3] que je regrette, c'est l'affadissement de LA Loi, entraînant une majoration de la violence, que je déplore. LA Loi est dure, violente, mais elle est un moindre mal.

Certes, le risque sadique est toujours présent, bien plus sans doute que vous ne voulez le croire. Mais la meilleure manière d'y parer c'est de restaurer la vérité sur la nécessité de LA Loi. Votre vision d'une éducation sans violence est irréaliste, toute éducation est violente, fait violence aux pulsions de l'enfant. Tout réside dans la manière dont les parents s'y prennent pour imposer LA Loi à l'enfant, sans sadisme, "parce qu'il le faut" - ou au contraire en jouissant de le sadiser. L'enfant ressent parfaitement la différence : comme l'adulte qui se fait verbaliser par un flic : agit-il selon la loi, ou dans la jouissance de vous coincer ? Le problème n'est pas près d'être résolu, ni par vous, ni par les analystes. Mais on aggrave la situation en voulant faire l'économie d'une réalité peu plaisante. Le délabrement actuel de la fonction d'autorité est un problème dramatique et autrement pathogène que les restes de violence et de sadisme parental que soulignent vos statistiques. Ce n'est pas parce qu'ils reçoivent des fessées que les hommes deviennent violents. La fessée n'arrange rien, je suis d'accord avec vous et la proscris, mais elle n'est pas à la source de la violence. Et votre loi antifessée, outre qu'elle a de bonnes chances d'être totalement inefficace, ajoutera à la confusion des esprits au désarroi et à la culpabilisation des parents face à des gestes parfois nécessaires et à la méconnaissance du problème, beaucoup plus général, des sources de la violence. Quant à la formation à la parentalité, très bien. L'école des

---

[3] Citation d'un parent adepte de la méthode forte.

parents n'est pas une idée nouvelle, mais on pourrait la relancer. En revanche, si vous comptez sur *"une aide aux parents"* qui brutalisent leurs enfants comme sanction assortie à la loi "antifessée" vous rêvez .

C'est aussi vain que *"l'obligation thérapeutique"* prévue par la loi dans certains cas. Il n'y a pas de thérapie psychique de ceux qui ne demandent rien Et quand on voit, comme moi chaque semaine, la difficulté qu'ont à sortir de leur sadisme, les parents qui, pourtant, ont pris conscience de la malfaisance de leurs agissements et demandent de l'aide on ne peut que sourire à l'idée d'aider ceux qui ne demandent rien. Voilà ce que je peux vous dire. Je doute fort que cela suffise à vous convaincre. L'inconscient nous joue des tours, et se moque du rationnel.

Mais si je ne peux accepter complètement toutes vos idées, je peux du moins en me souvenant de nos premières rencontres à Sainte-Marguerite, il y a longtemps, vous dire ma sympathie. Bien cordialement à vous.

VI

Olivier Maurel 10 février 2002

Cher Monsieur,
Merci pour votre réponse qui m'a intéressé même si je n'ai pas toujours bien compris la raison des jugements assez méprisants que vous avez cru nécessaire de porter contre moi, surtout dans votre lettre à Var-Matin. M'accuser d'*"enfoncer une porte ouverte"*, me traiter de *"rêveur"*, qualifier mon point de vue d'*"idéologie angélique"*, d'*"angélisme"*, et, qui plus est, d'*"angélisme qui ajoute à la violence"*, affirmer que ma réflexion est *"trop courte"*, *"utopique"*, *"trop idéale"* etc, tous ces arguments *ad hominem* sont en général le fait de gens qui doutent de la solidité de leurs propres arguments, ce qui, je suppose, n'est pas votre cas. J'ai donc dû le mettre sur le compte de votre *"exaspération"*. Mais, écrivant au journal de votre propre gré et non à la demande d'un journaliste, vous aviez tout le temps nécessaire pour laisser passer votre colère et vous en tenir à la seule critique de mes arguments. Personnellement, même si l'idée m'a, je l'avoue, effleuré, j'ai évité de dire que je voyais dans votre point de vue un pur dogmatisme freudien car j'aurais eu l'impression de porter une accusation un peu trop facile et qui n'aurait pas fait avancer le débat.

En ce qui concerne l'angélisme, je serais pourtant tenté de vous retourner le compliment. Car si mon point de vue sur les enfants est *"angélique"*, je ne trouve pas très réaliste votre point de vue sur les adultes. Bien que je sois évidemment convaincu qu'il faut apprendre aux enfants ce qui est permis et ce qui ne l'est pas, ce sont plutôt à mes yeux un bon nombre d'adultes qui doivent se voir opposer la loi dans leur comportement avec leurs enfants, et si nécessaire par la force, plutôt que les enfants.

Et je ne dis pas cela en l'air. Comme vous le savez, nous avons eu cinq enfants, et si ce sont aujourd'hui, je crois, des pères et mères de famille tout à fait capables de bien élever leurs enfants, ils ne le doivent certainement pas aux quelques gifles et fessées qu'il nous est parfois arrivé de donner à partir de la naissance du troisième, dans des moments où nous n'étions pas au meilleur de notre forme. Et le dernier de nos enfants qui est né à une époque où nous étions moins débordés n'a jamais reçu non seulement la moindre gifle mais même la moindre punition ni sanction. Je ne comprends donc tout simplement pas votre idée selon laquelle une éducation sans violence serait irréaliste. A moins de donner au mot violence une extension démesurée qui lui ôte toute signification! Ce n'est pas une violence que de dire "non" à un enfant qui ignore encore ce qui est permis et ce qui ne l'est pas.

Par contre, quand vous semblez imaginer que les adultes seront capables de faire la distinction, dans le feu de l'action parentale, entre geste-châtiment et geste-parole, je crois que vous êtes vraiment dans l'utopie. Car s'il y a quelque chose d'incontrôlable, c'est bien la violence quand on a commencé à l'utiliser, quand elle est une tradition solidement établie, quand elle se heurte à la résistance d'un enfant et qu'elle remue en nous les échos des violences que nous avons nous-mêmes subies ou des frustrations que nous subissons sans aucun rapport avec l'enfant.

De même, quand vous considérez comme des *"restes de violence et de sadisme parental"* la pratique quasi universelle de la violence éducative sur l'ensemble de la planète qui concerne réellement 85 à 90% des enfants, je me demande si vous ne préférez pas sous-estimer délibérément cette violence parce qu'elle contredit votre idée que la source de la violence serait dans l'enfant et non dans l'attitude des parents à son égard.

En ce qui me concerne, ma référence fondamentale n'est pas le monde des anges, mais bien celui des primates. Pour moi le nouveau-né est un petit primate doté, comme tous ses cousins, d'une intense volonté de *vivre* et de *vivre avec*. Il est doté pour cela de comportements innés d'attachement, ceux qu'a mis en lumière Bowlby[4], et si ses parents répondent comme il convient à cette volonté, il ne développe ni pulsions de mort, ni sadisme ni masochisme, à moins de donner encore une fois à ces mots une extension qui leur fait perdre toute signification (d'autant plus que les termes de sadisme et de masochisme n'ont comme référent étymologique que des noms d'écrivains, c'est-à-dire des personnalités et des oeuvres extrêmement complexes qui rendent impossible toute définition précise et qui se prêtent à toutes les ambiguïtés).

Mon point de vue sur ces questions s'est formé par la lecture d'ouvrages de Freud, mais aussi des livres de l'ex-psychanalyste Alice Miller (qui, pour

---

[4] Bowlby, psychanalyste anglais qui, par sa théorie de l'attachement, s'est progressivement éloigné de la psychanalyse freudienne.

moi, a été une rencontre décisive et qui est devenue une amie avec qui je travaille) et de beaucoup d'autres livres sur la psychanalyse (notamment celui de Jeffrey Moussaieff Masson : *Le Réel escamoté)*[5]. Sans compter bien sûr, ma propre expérience d'enfant, de parent et d'enseignant.

Je crois comme vous que nous n'arriverons pas à atteindre un consensus. Je laisse donc de côté beaucoup de réactions que j'ai eues en vous lisant et sur lesquelles nous pourrons revenir plus tard.

Mais, pour ma part, je souhaiterais mieux comprendre sur quoi vous appuyez une conviction qui, pour le moment, me paraît incompréhensible et à propos de laquelle aucun des psychanalystes que j'ai interrogés n'a accepté de me donner de réponse.

Comment pouvez-vous avoir la conviction que l'enfant est un *"pervers polymorphe"*, *"naturellement cruel, brutal, menteur, voleur"*, alors que vous ne pouvez manifestement soumettre à la psychanalyse que des adultes ou des enfants déjà en âge de parler, qui ont donc déjà vécu de longues années avec leurs parents et dont vous ne pouvez absolument pas savoir s'ils n'ont pas subi de traumatismes responsables de l'état que vous constatez chez eux? Sans compter le traumatisme de la naissance elle-même et, peut-être, les traumatismes subis avant la naissance. Comment pouvez-vous être sûr aussi que vous ne projetez pas simplement sur les enfants qu'on vous amène la vision de l'enfance élaborée par Freud une fois qu'il a renoncé à sa première théorie dite, par un euphémisme déjà trop significatif, de la *"séduction"* ? Comment pouvez-vous faire le partage

---

[5] Jeffrey Moussaieff Masson a été directeur des Archives de Freud à Londres. C'est en s'appuyant sur des lettres inédites de Freud et sur ses archives qu'il a écrit son livre dont le sous-titre est : *Le renoncement de Freud à la théorie de la séduction.* (Aubier, 1984).

entre ce qui vient de la nature de l'enfant et ce qui vient de ce qu'il a subi, au point de pouvoir affirmer que l'enfant est un pervers polymorphe et considérer comme des utopistes ceux qui le voient (et je parle bien du nouveau-né) comme un être totalement innocent qui ne veut que vivre et vivre avec les autres dont il a un besoin vital?

Si vous voulez bien répondre à cette question, je vous en serai vraiment très reconnaissant.

Bien cordialement.

VII

Michel Pouquet   17 Février 2002

Cher Monsieur,
    Votre *"énigme"* m'interroge, comme on dit. Mais ne me surprend pas. Vous n'êtes, et de loin, pas le seul à ne pouvoir entendre ce que disent les analystes. Car, si vous écoutiez bien, (ou lisiez Freud attentivement), vous auriez déjà perçu la réponse. *"Ils ont des yeux pour ne ne pas voir"*, dit, je crois, l'Evangile. Le discours du psychanalyste suscite très habituellement le rejet, la déformation (ce qui est arrivé aux USA), le scandale. Mes confrères sont plus sages que moi, et en prennent paisiblement leur parti : nous ne sommes pas chargés du bonheur de la société, simplement d'aider ceux qui viennent nous voir. Je ne partage pas tout à fait leur détachement, et pense qu'il est dommage, pour la société, de ne pas écouter davantage ce que peuvent dire de l'âme humaine les analystes, après un siècle de pratique. C'est aussi pourquoi je vous réponds - bien que je pense que cela ne serve à rien !
    Votre *"énigme"* tient à la méconnaissance de l'origine de ce savoir sur l'homme qui ne vient ni de la lecture des maîtres (encore que celle-ci, bien sûr, aide, en apportant la contribution de certains, particulièrement doués : tels Freud et Lacan), ni de la

cogitation d'un penseur. Mais de l'écoute des patients, dans le dispositif particulier qui permet d'effacer les repères habituels d'une rencontre (par le silence, l'effacement de l'image, l'abstention du geste), et facilite leur régression. Freud a pu ainsi découvrir beaucoup de choses sur l'enfant sans en rencontrer un seul parmi ses patients (mais les analystes d'enfants comme Mélanie Klein ont ensuite confirmé ses découvertes). Sur le divan, l'enfant caché qui est au cœur de chaque homme se révèle, avec ses peurs, ses désirs, des morceaux de son histoire infantile. L'inconscient n'est qu'une mémoire, insue de nous-même. Mais cette révélation ne se fait - vous en avez quand même un peu entendu parler ? - que grâce au transfert : l'analyste, qui s'efface de la scène, est aussitôt investi de tout ce qui, dans l'inconscient de chacun, relevait de son histoire avec papa-maman et quelques autres. C'est pourquoi, même si l'on n'est pas analyste d'enfant, la démonstration est éclatante de ce qui grouille au cœur de chacun : des désirs violents, incestueux, pervers, etc. concernant ceux que par ailleurs on aime tendrement. Baigner dans une telle pratique éclaire l'analyste et lui permet de témoigner de ce qu'il a observé, et tient pour véridique (sans se départir de la nécessité du doute, propre à toute démarche scientifique; les théories ne sont pas immuables, Freud a donné l'exemple de leur nécessaire évolution, lorsqu'elles ne collaient pas avec l'expérience). La répétition chez des patients différents (à commencer par ce premier patient que l'analyste est à lui-même), dont les histoires diffèrent, des mêmes éléments vont constituer les *invariants* du fonctionnement psychique, qui se combinent avec les données d'ordre sociologique et biologique, pour constituer un être humain.

Telle est l'expérience que donne la

psychanalyse et qui ne se prête à aucune démonstration pouvant entraîner la conviction de l'auditeur que vous êtes : vous croyez mon témoignage ou vous le récusez - et c'est parfaitement légitime, L'analyse ne s'enseigne pas, elle se transmet. En sachant qu'il ne suffit pas de quelques mois sur le divan, dans une expérience qui peut avorter ou se révéler impossible, pour que l'on puisse parler vraiment d'analyse. Ce n'est pas une panacée, et certains s'en révèlent tout à fait incapables, qui ne se privent pas ensuite de critiquer une pratique qu'ils n'ont pas su faire leur. De cette expérience renouvelée depuis un siècle, on peut tirer une théorie du fonctionnement de l'âme humaine qui rejoint ce que certains, philosophes (comme Héraclite), poètes (comme Sophocle), romanciers (comme Proust), ou moralistes (comme La Rochefoucauld), avaient par ailleurs perçu. Vous connaissez sans doute cette phrase très freudienne : *"Si le petit de l'homme...* (j'abrège : en avait les moyens) *il tordrait le cou à son père et coucherait avec sa mère*"[6]. Elle n'est pas de Freud, mais de Diderot - à l'époque même ou un J.-J. Rousseau inaugurait le courant idéologique dans lequel vous vous insérez aujourd'hui.

Pour répondre à la question précise que vous me posez, sachez que les mauvais traitements subis par l'enfant ont bien entendu leur place dans son inconscient, mais très rarement sous la forme de ces fessées et de ces gifles que vous pourchassez : c'est le sadisme parental, bien au-delà de ces violences de surface, qui est pathogène, même lorsqu'aucun coup n'est donné. L'importance que vous attribuez à ces gestes - répréhensibles, certes, lorsque le sadisme les anime - est tout à fait démesurée par rapport à la réalité de ce qui fabrique un être humain, à

---
[6] *Le Neveu de Rameau.*

commencer par la névrose des parents, et leurs désirs méconnus. Et la violence se révèle être - hors toute fessée - d'abord celle des pulsions de l'enfant, perceptible déjà chez le nouveau-né (voyez un tout petit faire une colère à s'en étouffer). D'où la violence - elle nécessaire - de LA Loi, pour contrer les pulsions du petit (et des grands).

Vous vous méprenez, au passage, sur la définition de la violence : lisez le Robert, par exemple *"Contrainte, ...agir contre la volonté en employant la force ou l'intimidation"* - vous faites violence au petit, lorsque vous lui dites non ; il n'y a qu'à observer ses réactions pour vous en convaincre. Vous pouvez restreindre votre définition de la violence au geste brutal : vous passez alors à côté du problème.

Toute éducation réprime, est donc violente. Mais se devrait de ne pas être sadique. Votre réussite éducative avec vos enfants vous honore, et montre qu'avec eux vous avez su faire passer LA Loi, sans sadisme inutile. Mais elle ne peut faire oublier la carence très habituelle, en ce domaine, de nombreux parents. Et vous avez raison, ce n'est pas dans le feu de l'action que le sadisme peut être prévenu et contré, mais dans une réflexion à froid, une éventuelle prise de conscience par des parents qui se préoccupent de ce qu'ils font, et peuvent entendre, à l'occasion, un discours ou une remarque qui les éclaire, comme j'essaie de le faire dans mes livres. Ceci dit, je ne pèche certainement pas par "angélisme" : l'éducation, vous l'avez sans doute entendu de la bouche de Freud, *"est une tâche impossible"*, toujours ratée - seulement plus ou moins. Une loi nouvelle n'y changera strictement rien, l'essentiel étant beaucoup trop subtil pour relever de la Justice. Notez au passage que sadisme et masochisme ne sont pas de simples références littéraires. Ils n'empruntent à la littérature que leur étiquette, et correspondent à des concepts et faits cliniques clairement repérés. Pourquoi ne lisez-vous pas plus attentivement Freud - ou à défaut, c'est beaucoup plus rapide, mes ouvrages de vulgarisation. Vous pouvez récuser l'inconscient qui nous anime - c'est là une attitude très banale, non criticable - et continuer de voir les choses à votre façon. Mais dans la mesure où vos propos deviennent publics (à travers livres ou enseignement), ils peuvent avoir un impact et appellent, de ma part au moins, la critique. L'erreur se paye toujours : *"Mal nommer les choses ajoute à la misère du monde"* disait Albert Camus. Le réel méconnu vous rattrape toujours et vous fait payer ce que vous avez voulu ignorer. Vous ne voyez que la partie émergée de l'iceberg et méconnaissez ce qui ne se voit pas : l'inconscient, qui nous gouverne d'autant plus qu'il est nié.

Tout ce qui porte à méconnaître, avec les pulsions, LA Loi[7] (le sens des limites), qui s'efforce de contrer leur violence - ajoute (sans le vouloir bien sûr) à la violence : ce n'est pas là une déclaration agressive, mais l'expression d'une vérité malheureuse, un écueil que l'on pourrait éviter.

Si votre référence demeure Bowlby, vous n'avez de l'homme qu'une vision tronquée. Il y a de l'animal dans l'homme, mais il n'y a pas d'homme dans l'animal : il n'est jamais sadique... Seul l'homme

---

[7] LA Loi (avec des majuscules) : le terme reviendra souvent au cours de ces échanges. Appellation, simplifiée, d'un concept majeur, emprunté par Lacan à la linguistique : *loi du signifiant*. Lacan parle parfois aussi de *loi du désir* = loi du manque. LA Loi n'a pas grand chose à voir avec *les lois*, que votent nos députés. LA Loi est un donné du réel, qu'illustre par exemple la naissance, et pourrait se formuler ainsi : *"il n'est d'être que séparé, différent, exclu"*.

est méchant.

Je doute que vous soyez convaincu, malgré mes efforts pour être clair. Et je le regrette. Chacun suit son chemin comme il peut - l'analyste comme les autres. Parfois une rencontre fortuite peut faire réfléchir. J'aurais aimé qu'il en soit ainsi avec vous...

Bien cordialement.

VIII

Olivier Maurel   **20 février 2002**

Cher Monsieur,
   Merci pour votre réponse qui m'oblige à préciser ma position.
   J'admets tout à fait que vous ayez accès à une partie de l'enfant caché dans vos patients. Je ne doute pas non plus que vous puissiez leur faire du bien par votre humanité et même simplement par votre écoute. Je comprends tout à fait aussi que vous puissiez accéder à *"ce qui grouille au cœur"* de vos patients. Et je suis convaincu que vous témoignez de ce que vous avez observé. Je ne conteste pas non plus, contrairement à ce que vous semblez supposer, l'existence et l'importance de l'inconscient.
   Mais votre conviction d'avoir accès par là à ce qu'est l'enfant en lui-même ne me paraît être qu'une opinion. Je n'ai évidemment pas votre pratique, mais vous savez bien que d'éminents psychanalystes, dont certains très proches de Freud, Ferenczi notamment au début des années trente, le fils de Fliess plus tard, Jeffrey Moussaïeff Masson que je citais dans ma dernière lettre, ainsi, bien sûr qu'Alice Miller (dont j'aimerais bien savoir ce que vous pensez), et sans doute bien d'autres, ont remis en cause cette opinion après de longues années de

pratique parce que la réalité qu'ils découvraient chez leurs patients les obligeait à reconnaître que la source de leur mal était ailleurs que dans des "*pulsions*" innées.

En ce qui concerne les coups, je crois que vous sous-estimez les traumatismes qu'ils causent. Les études neurologiques récentes sur le stress post-traumatique[8] et les études d'Henri Laborit[9] confirment pourtant la gravité des effets que des coups peuvent avoir sur les enfants. Vous réduisez d'ailleurs toujours les châtiments corporels à la gifle et à la fessée. Que pensez-vous donc de la bastonnade que subissent les enfants africains? Ne nuirait-elle à l'enfant que si elle est administrée avec sadisme?

Les colères du nouveau-né que vous voyez comme un signe de sa violence innée peuvent être interprétées tout à fait autrement. Par exemple comme des appels au secours, le signe de souffrances ou de besoins non satisfaits. Le système nerveux du nouveau-né n'étant pas terminé, il ne peut lui-même mettre fin à ses colères que par épuisement. Ces colères ont besoin d'être contenues, consolées par les adultes. Elles ne prouvent en rien que l'enfant veut tuer son père ou sa mère. Ce sont les parents qui projettent sur lui leur propre et compréhensible exaspération.

Je ne comprends toujours pas pourquoi vous croyez tant à la nécessité de "*LA Loi*" quand il s'agit des enfants et pourquoi vous n'y croyez plus quand il s'agit des adultes. La fonction de la loi n'est pas seulement de permettre la sanction. Elle est aussi de dire ce qui est permis et ce qui ne l'est pas. En l'occurence, la loi française ne dit pas ce que vous

---

[8] Cf. notamment Karen Sadlier, *L'Etat de stress post-traumatique chez l'enfant*. PUF, février 2001.
[9] Notamment, *La Colombe assassinée*, Grasset, 1983

dites vous-même : *"la fessée est abominable"*. Je demande simplement qu'elle le dise en termes juridiques. Pourquoi l'interdiction qui a été efficace dans les écoles pour la grande majorité des maîtres ne le serait-elle pas dans les familles? Ce sera certainement plus difficile, mais l'exemple de la Suède montre que c'est possible.

J'ai seulement parcouru, à la FNAC, les parties de vos livres qui m'intéressaient. Mais j'ai lu de près votre cours à l'école de la Croix-Rouge. Je vous invite aussi à lire mon livre sur la fessée et les châtiments corporels. Il n'est guère plus long que vos cours.

Tout à fait d'accord avec Camus sur l'importance de bien nommer les choses. Un des reproches que je fais à la psychanalyse tient précisément à cela. Pourquoi, par exemple, appeler le sevrage *"castration"* alors que l'un est un processus naturel et l'autre une mutilation? Pourquoi étendre le sens du mot sadisme à l'écriture et à l'engagement dans l'humanitaire? Pourquoi appeler "tuer le père" le fait de s'en rendre indépendant et ainsi de suite. Je ne vois là que des impropriétés et des abus de langage dans lesquels le symbolisme a bon dos.

Mais j'aimerais savoir ce que vous répondez aux trois questions suivantes.

- Si tout homme naît vraiment avec un désir de parricide, comment se fait-il que le parricide soit un des crimes les plus rares, alors que tant de gens ont, dites-vous, des *"pulsions sadiques"*? Même s'il s'agit de *"parricide symbolique"*, il devrait bien en rester un petit quelque chose dans la rubrique criminalité. Or, il n'en reste rien, et les parricides commis n'ont le plus souvent rien à voir avec ce qu'est censé contenir le *"complexe d'Œdipe"*. Et si c'était tout simplement le signe que la pulsion de parricide n'existe pas? Ou qu'encore une fois, le terme choisi est excessif.

- Si tous les petits garçons naissent avec le désir de coucher avec leur mère, comment se fait-il que les incestes mère-fils soient d'abord, eux aussi, relativement rares et, de plus, presque toujours, à l'initiative de la mère?

- Si tous les enfants naissent avec une pulsion de mort, comment se fait-il que, dans les expériences de Milgram[10] sur la soumission à l'autorité que vous connaissez certainement, les individus soumis à une autorité qu'ils reconnaissent acceptent dans deux cas sur trois de torturer un homme à mort, alors que, quand l'autorité est à distance et qu'ils peuvent tricher, ils évitent tous (sauf quelques exceptions qu'un degré plus élevé de soumission à l'autorité peut expliquer), de dépasser les décharges qui provoquent la souffrance de la victime? Ils auraient eu pourtant, en la circonstance, tout le loisir de laisser libre cours à leur "*sadisme*". N'est-ce pas la preuve que les relations inter-individuelles ont plus d'importance et de réalité que les "*pulsions*" pour expliquer les cruautés dont les hommes sont capables?

Au vu de ces trois faits, n'est-il pas légitime de penser, sans être particulièrement "*utopiste*", "*angélique*" ou rousseauiste que les vraies causes de la violence sont toutes culturelles : violences physiques et psychologiques infligées aux enfants, mimétisme de la violence (René Girard me paraît aussi plus près que Freud de la vérité), soumission à l'autorité, idéologies justificatrices de la violence. Et qu'en les négligeant les psychanalystes passent à côté du réel sans le voir.

---

[10] Milgram : psycho-sociologue américain auteur de *Soumission à l'autorité* (Calmann-Levy, 1974) qui réalisa dans les années soixante une série d'expériences pour établir jusqu'à quel point les hommes étaient capables d'obéir à des ordres moralement inacceptables.

Vous écrivez très justement *"qu'il y a de l'animal dans l'homme, mais pas d'homme dans l'animal"*. Mais plutôt que d'imaginer que, pour une raison mystérieuse, sont apparues brusquement au cours de l'évolution, des pulsions meurtrières, parricides et incestueuses et une méchanceté venues d'on ne sait où, ne serait-il pas plus conforme à la réalité de penser que l'homme, parce qu'il naît plus immature que les autres animaux, n'a qu'un très petit nombre de comportements innés, qu'il est donc forcément davantage un être de culture que les autres animaux et que tout se passe pour lui, pour le meilleur ou pour le pire, dans la manière dont ses comportements innés et totalement innocents de petit primate entrent en interférence avec les comportements éducatifs de ses parents, favorables ou défavorables à son épanouissement?

Cette manière de voir suffit largement à expliquer les comportements humains adultes, bons et mauvais, y compris les plus abominables, sans attribuer à l'enfant des pulsions meurtrières ou incestueuses dont on voit bien, quand on étudie la vie et l'époque de Freud, pourquoi il les a imaginées.

Bien cordialement.

A propos des pleurs et colères du nouveau-né, je retrouve la note suivante qui peut expliquer bien des choses.

"Des chercheurs ont observé la fréquence des cris des nourrissons dans leur première heure de vie. S'ils sont placés directement sur le ventre de la mère, durant les quatre vingt dix minutes d'observation, on n'entend pratiquement pas un pleur. S'ils sont déposés dans un berceau, les pleurs occupent 20% du temps durant les premières 45 minutes de vie et 45% du temps durant les 45 minutes suivantes. Si, au cours de ces

dernières 45 minutes on les retire du berceau pour le mettre dans les bras de leur mère, les pleurs s'arrêtent et demeurent proches de zéro durant toute cette période"[11].

Compte tenu du fait que les premiers moments de la vie du bébé peuvent être décisifs pour la suite et peuvent induire ou non une tendance aux pleurs et à la colère, il me semble évident qu'affirmer comme vous le faites que les colères du nouveau-né prouvent sa "*violence*" et ses "*pulsions*" n'a guère de sens. Elles ne prouvent à mon avis que la violence involontaire des conditions habituelles d'accouchement. Le seul de nos enfants qui ait été placé à peine né sur le ventre de sa mère est effectivement celui qui a été le plus facile à élever. Hasard?

---

[11] K. Christensen et autres, *Séparation distress call in the human neonate in the absence of maternal body contact*. Isabelle Filliozat, *Au cœur des émotions de l'enfant*, J. C. Lattès, p. 48.

IX

Michel Pouquet 25 février 2002

Cher Monsieur,
 C'est un dialogue sans fin, car je pense que rien ne pourra vous convaincre. Mais je veux bien ne pas me dérober à vos interrogations, dans le désordre.
 Pourquoi le mot "castration", dont la violence vous choque, pour désigner LA Loi? Parce qu'il vient des patients eux mêmes : il désigne très exactement ce qui fait "le fond de commerce" névrotique, une grande peur, chez les hommes, de n'être pas assez "puissant", et chez les femmes, de "ne pas être capable", dont les racines se trouvent dans leurs craintes enfantines, "qu'on la leur coupe" (vengeance d'un père-rival tout puissant), ou que "ça ne pousse pas" (avec une haine violente contre la mère qui les a "mal fagotées", comme disait une le mes patientes). C'est *l'imaginaire* du névrosé qui a donné cet habillage sexuel et terrifiant à leurs angoisses. On a donc gardé le mot qui regroupait l'ensemble de leurs peurs, en l'étendant à tous les domaines où *LA Loi* impose une coupure : la naissance, comme la mort, sont des modalités - *réelles* cette fois - de la castration. J'entends cela tous les jours. Mais pas vous, bien sûr, et on ne saurait vous le reprocher, c'est d'ailleurs tout le fond du débat : vous n'acceptez pas le témoignage

de l'analyste, et cherchez, dans une logique du conscient, à le mettre en défaut (c'est pourquoi le débat est sans fin).

Au passage, observez les trois mots en italiques, ils sont des concepts, s'articulent entre eux, et viennent de Lacan : pourquoi ne vous intéressez-vous pas à Lacan? Les concepts qu'il introduit complètent et éclairent Freud, vous permettraient de comprendre, par exemple, pourquoi le parricide et l'inceste demeurent très rares : c'est le père de son enfance que le névrotique souhaite éliminer (le père imaginaire), qui n'a plus que le nom en commun avec le père du névrotique devenu adulte, avec qui il peut entretenir les meilleurs rapports. Il s'en prendra à d'autres éventuellement qui se trouveront avec lui en situation de rival : d'où les violences passionnelles. Et puis les valeurs et interdits hérités de l'enfance viennent, heureusement contrarier ces pulsions. LA Loi est passée par là. Idem pour l'inceste avec la mère

La lecture de Lacan vous épargnerait aussi d'entendre le mot "*pulsions*" en lui donnant un sens biologique inné qui est un contre-sens : tout part du manque essentiel à l'être (du *désir*, autre concept lacanien). Le nouveau-né l'illustre, et ses colères - la violence qui l'agite n'est en effet nullement dirigée vers le père ou la mère : il n'a au début, personne "dans le collimateur". Mais très vite il va viser la mère, lorsque celle-ci ne le satisfait pas (et plus tard le père, chez le garçon, en qui il voit un rival "castrateur", devant lequel d'ailleurs il préfère s'écraser, ainsi "rentre" LA Loi). Mais ne lui prêtez pas, dès le début, une intention précise.

Les pulsions organisent progressivement sa vie, par l'énergie conjuguée de l'amour et de la haine. Tout ceci se construit, il n'existe pas d'être humain isolé, sans papa-maman (ou des substituts), qui sachent l'aimer, lui parler, et le civiliser : l'exemple rarissime des enfants-loups ("Victor" de L'Aveyron a été le mieux étudié) l'illustre. S'il n'est pas accueilli par des hommes (ou des femmes), l'être humain ne se développe pas. Souvenez-vous aussi de l'extraordinaire expérience, préfigurant celle de Spitz[12], faite au XIIIe siècle, par l'empereur Frédéric II d'Allemagne[13] et que vous devez connaître. La prèmaturité du bébé fait qu'il est totalement dépendant de la manière dont l'entourage va l'accueillir. Mais ceci ne relève pas d'une approche sociologique. Les expériences que vous citez, ou celle de Frédéric II, ou de Spitz, servent seulement d'illustrations très parlantes, mais il n'est nul besoin de statistiques pour savoir que le bébé sur le ventre de sa mère découvre sa première *jouissance* (encore un concept essentiel, que Freud ne possédait pas), et qu'un bébé qui n'a pas été suffisamment et intelligemment aimé va le payer ultérieurement par des pathologies diverses. L'analyste aussi est dans l'acquis mais un acquis via papa-maman, infiniment plus subtil et délicat à apprécier que celui des

---

[12] Spitz, psychanalyste hongrois, émigré en Angleterre. Il mit en évidence, sous le nom d'hospitalisme, les troubles graves (dépérissement, atonie, morbidité, mortalité) présentés par des enfants élevés dans une pouponnière, avec toute l'hygiène désirable, mais dont le personnel, tournant par équipes de trois-huit, ne pouvait avoir avec eux une relation maternelle stable. Alors que dans une prison, dans des conditions d'hygiène très médiocres, des nouveaux-nés élevés par leurs mères se portaient très bien.

[13] Frédéric II Hohenstauffen, Empereur d'Allemagne, roi de Sicile (1197-1250), avait l'esprit scientifique. Il voulait savoir quelle langue parleraient spontanément les enfants : l'allemand, l'italien, le latin? Il fit élever un lot de nouveaux-nés par des nourrices qui ne devaient pas leur parler, ni communiquer d'aucune façon, se contentant de leur donner des soins attentifs. Résultat de l'expérience : les enfants sont tous morts.

sociologues.

Bref, pour comprendre et accepter le témoignage de l'analyste, pourquoi ne pas vous mettre à l'écoute de Lacan? C'est un texte difficile, mais vous êtes certainement de taille. C'est en tout cas une référence scientifique largement validée par la pratique. J'en ai fait moi-même l'expérience : la découverte de l'apport lacanien, après dix ans de "patauge" dans la littérature freudo-kleinienne antérieure à Lacan, a éclairé considérablement mon chemin, et ma pratique. Beaucoup d'analystes, en France, ont refusé Lacan, mus par une routine qui se voulait freudienne - alors que Lacan a restauré Freud - et contaminés par l'inféodation à une Internationale de psychanalyse qui avait complètement perverti, aux USA, le sens de la découverte freudienne. Freud avait été à deux doigts, en 1929, de dénoncer leur dérive - mais ils venaient à lui, dans une Autriche en pleine misère, et payaient en dollars... Si je vous mets en garde vis à vis de l'influence américaine, c'est que je pense qu'elle a tout pour vous séduire. Ils ont, là bas, édulcoré Freud, et rejeté le concept de *pulsion de mort*, incompatible avec l'optimisme et le contentement de soi-même des Américains... Imprégnez vous plutôt, pour approcher au plus près Freud dans son rapport avec la société, de son *Malaise dans la civilisation*, court et facile a lire.

Comme toujours, les conseils ne servent à rien, mais puisque vous me posez des questions, vous vous y exposez!

Bien cordialement.

X

Olivier Maurel **5 mars 2002**

Cher Monsieur,

Mon souhait n'est pas de vous convaincre. Il est seulement de mettre mes convictions sur la psychanalyse à l'épreuve du jugement de quelqu'un qui est convaincu de sa valeur et qui la pratique. Je n'en ai pas eu l'occasion jusqu'à présent car tous les psychanalystes à qui j'ai écrit n'ont pas répondu ou se sont dérobés à mes questions. D'autre part, il me semble que, même pour vous, le fait de mettre à l'épreuve vos convictions peut ne pas être inutile.

Je reprends donc d'abord ce que vous dites du mot castration. Il m'est très difficile de croire qu'il *"vient des patients eux-mêmes"*. Le *Dictionnaire historique* de Robert dit que son emploi psychanalytique remonte à 1908, donc vraisemblablement à Freud. Avez-vous la certitude que Freud l'ait emprunté à ses patients? Même si c'est le cas, je ne comprends pas comment on peut croire qu'il vient de *"la grande peur chez les hommes de n'être pas assez puissant"*, alors qu'il est de tradition bien établie, au moins depuis le XVIe siècle et le XVIIe (voyez Rabelais et le témoignage d'Héroard, le médecin du futur Louis XIII), et probablement depuis bien plus longtemps (la tradition est aussi très vivace dans les pays musulmans), de faire constamment aux enfants des plaisanteries et des menaces stupides du genre : *"Je vais te la couper!"*. Exactement au moment où Freud s'est mis à employer ce mot, la mère aimante mais puritaine du petit Julien Green, né en 1900, lui disait (elle était d'origine américaine) : *"I'll cut it off!"* quand elle le retrouvait les mains sous les draps. Comment ne pas croire que Freud a attribué à l'enfant une obsession qui lui était bien évidemment imposée par les adultes et qu'il l'a ensuite généralisée? D'autant plus que cette attribution est tout à fait significative de sa démarche générale.

Rappelez-vous une des raisons (à mon avis la principale) pour lesquelles il a renoncé à sa première découverte[14] : à cause de *"la surprise de constater que, dans chacun des cas, il fallait accuser le père (y compris le mien), de perversion"* (lettre à Fliess du 21 septembre 1897). A la suite de quoi il invente le complexe d'Œdipe qui lui permet de reporter ladite perversion, aggravée et devenue *"polymorphe"*, sur le fils.

Rappelez-vous comment il a interprété le mythe d'Œdipe en supprimant tout ce qui faisait la multiculpabilité de Laïos (infraction aux lois de l'hospitalité, enlèvement et viol de Chrysippe, le fils de son hôte, qui, de désespoir, se suicide, engendrement d'un fils malgré la menace de la punition des dieux, exposition dudit fils) et en attribuant à Œdipe le désir des pires crimes. Alors que, dans le mythe, Œdipe fait précisément tout, jusqu'à quitter ceux qu'il croyait être son père et sa mère, pour éviter le parricide et l'inceste.

---

[14] Au cours de l'étude de dix-huit cas d'hystérie, Freud avait constaté que tous ses patients avaient été victimes d'abus sexuels. Il a rapporté le résultat de ses travaux dans *Sur l'étiologie de l'hystérie*, Oeuvres complètes, III, PUF.

Rappelez-vous comment lors de la séance de la Société psychanalytique de Vienne du 24 janvier 1912, Freud renouvelle sa condamnation de la mal nommée théorie *"de la séduction"* et explique les dénonciations d'abus sexuels de ses patients *"hystériques"* en faisant cette concession : *"Le père a effectivement, par ses caresses innocentes, éveillé dans la toute petite enfance la sexualité de la petite fille (la même chose vaut pour le petit garçon et sa mère). Ce sont ces mêmes pères tendres qui s'efforcent plus tard de déshabituer l'enfant de la masturbation, dont ils étaient devenus la cause sans le vouloir"*? Quand on sait comme on le sait aujourd'hui, la fréquence des cas d'abus sexuels par les parents, cas probablement plus fréquents encore à l'époque de Freud, on reste confondu devant l'aveuglement de Freud, alors âgé de 56 ans (ce n'était pas un jeune débutant!) et de son entêtement à transformer les abus sexuels, qu'il avait d'abord reconnus et vérifiés autant que cela lui était possible, en *"caresses innocentes"* et à ne vouloir voir dans les dénonciations des patients que des *"fantasmes"* dus à leurs propres désirs sexuels.

Rappelez-vous enfin qu'il a dénommé sa première théorie, *"théorie de la séduction"* (le père abuseur ou violeur n'est qu'un *"séducteur"*), alors que l'enfant, lui, est animé de désirs de parricide, d'inceste et de meurtre!

Dans tous ces cas, on voit Freud attribuer à des désirs de l'enfant des sentiments (peur de la castration), des *"perversions"*, des crimes dont tout donne à penser ou bien qu'il en est totalement innocent (Œdipe et le nouveau-né) ou bien qu'ils ont été induits par l'attitude des parents à l'égard des enfants. Et, dans tous ces cas aussi, il innocente l'adulte.

Avouez qu'une telle constance est troublante et

qu'il y a de quoi avoir des doutes sérieux sur une théorie élaborée avec une telle indifférence à la réalité des relations parents-enfants. Et que le mépris que manifestent souvent les psychanalystes pour ceux qui ne pensent pas comme eux, leurs accusations d'idéalisme ou d'utopisme peuvent légitimement être retournées contre eux. Surtout quand on connaît la force du déni qui nous fait idéaliser les parents même si on en a été maltraité. Pour moi, Freud est quelqu'un qui a reculé devant la mise en cause de ses parents à laquelle sa première découverte l'avait entraîné. Et si la psychanalyse a si bien réussi à s'imposer, y compris dans le vocabulaire, c'est que, malgré ses apparences iconoclastes, elle sauvegarde le tabou essentiel pour l'immense majorité des hommes : la respectabilité des parents et des adultes en général. Michel del Castillo écrit à peu près, dans un de ses derniers livres : *"Remettre en cause sa mère est impossible, car c'est se remettre en cause soi-même"*. Et on peut en dire autant du père.

Il est significatif que le premier qui a voulu revenir à la première théorie de Freud, Ferenczi, ait aussi élaboré la notion, elle fondamentale, d'identification à l'agresseur. C'est parce que l'enfant s'identifie au parent éducateur violent en paroles et/ou en actes, c'est parce qu'il adopte le point de vue de ce parent sur lui-même qu'il regarde l'enfant qu'il a été avec mépris et dérision et a toujours tendance à dire comme Le Pen et bien d'autres : *"Les coups de pied au cul de mon père m'ont fait beaucoup de bien!"* Ce phénomène est si constant qu'il se retrouve aussi chez les adultes dans le cas du "syndrome de Stockholm" où les otages s'attachent à leurs ravisseurs, adoptent leur idéologie et refusent de collaborer contre eux avec la police et la justice.

Les psychanalystes soupçonnent souvent leurs contradicteurs de n'avoir pas *"résolu leur complexe d'Œdipe"*. Mais il est au moins aussi légitime de demander aux psychanalystes s'ils sont bien conscients de leur degré d'identification à leur père ou à leur mère.

Que les psychanalystes puissent faire du bien à leurs patients, par l'occasion qu'ils leur donnent de s'exprimer et par leur écoute bienveillante ou neutre, n'y change rien. Les médecins qui croyaient à la génération spontanée faisaient sans doute souvent du bien à leurs patients. D'ailleurs, si, comme vous l'avez dit, les animaux ne sont pas *"méchants"*, ne pourrait-on pas dire que les psychanalystes croient à la "génération spontanée" de la méchanceté et de la violence dans le nouveau-né et, plus généralement, dans l'humanité? Personnellement, je crois plutôt à la contamination parentale.

XI

Michel Pouquet   **14 Mars 2002**

Cher Monsieur,
   Poursuivons donc ce dialogue sans fin.
   Le mot "*castration*" ne vient pas tel quel de la bouche des patients, mais sous des formes diverses, par exemple ces mots d'enfants que vous relevez et pensez suggérés par des parents sadiques *"j'ai peur qu'on me coupe le zizi"*. C'est parfois vrai, la menace a été effectivement brandie. Mais je l'ai entendu dans la bouche d'un de mes fils, et peux vous garantir qu'il n'a jamais été prononcé par moi ou par ma femme... Dans la bouche des adultes, c'est la référence continuelle à la puissance virile et ses dérivés, ou au sentiment d'incapacité des femmes *"mal finies"* à qui *"il manque quelque chose"*. La problématique phallique est celle du manque, du désir, et tient la première place au cœur du névrotique (et non chez le psychotique). C'est le pain quotidien de l'écoute, et le concept de "*castration*" résume au mieux ces discours répétitifs qui se répercutent dans le discours commun ambiant - et retombent sur les enfants. Vous pouvez tout au plus évoquer le dilemme de la poule et de l'oeuf. Mais l'analyste sait qui commence : l'enfant, même strictement préservé des maladresses de l'adulte. Si vous ne me croyez pas inutile de chercher

des objections du côté de la raison consciente, qui est à côté de la plaque. Gardez vos convictions...

Inutile non plus d'invoquer le cas particulier de Freud, et ses références à sa mère ou à son père. Il était névrosé comme tout le monde, et que vous trouviez des échos de sa névrose dans ses propos serait plausible. Ce n'est pas sur une dogmatique freudienne que s'appuie l'analyste mais sur ce qu'il entend de la bouche de ses patients - et que, malgré sa névrose, Freud n'a pas si mal entendu que ça...

Inutile aussi de discuter du cas de Laïos : Sophocle n'apporte qu'une illustration exemplaire de l'essentiel de ce qu'enseigne la clinique. Que tous les détails du mythe ne concordent pas, bien sûr. Le mythe illustre, et ne prétend rien prouver. Mais au rebours de votre objection, c'est justement dans la mesure où il fait tout pour éviter l'inceste et le parricide qu'Œdipe est le plus authentiquement freudien : c'est son inconscient qui lui joue des tours, malgré les précautions de sa conscience. L'argument que vous invoquez contre lui a justement été relevé par les analystes pour illustrer la contradiction habituelle que l'on observe entre "je veux" (consciemment) et "je désire" (inconsciemment, et souvent tout le contraire de ce que je veux). Que Freud ait longuement balancé entre la théorie de la séduction par des pères indignes, et de simples fantasmes de ses patients, se conçoit. Le dilemme est aujourd'hui dépassé : les deux options sont vraies. La séduction existe - et les fantasmes, sans séduction préalable, également. Comme pour la castration.

Le *"mépris des analystes pour ceux qui ne pensent pas comme eux"* est vrai non pour les personnes, dont l'errance est bien compréhensible, mais pour les arguments qu'on leur oppose, comme vous le faites avec moi. L'assurance des analystes vient de ce que leur illustre chaque jour leur pratique, et que les autres ne peuvent pas voir. On ne peut en faire grief au commun des non-analystes, mais on ne s'attarde pas à la réfutation de leurs critiques. Votre application à élever des objections est du même ordre : un peu comme si vous vous attardiez à discuter les arguments du concierge (= moi, qui discute avec vous, le dialogue de deux consciences) qui vous refuse l'entrée, alors qu'il ne fait qu'obéir aux ordres du patron (= l'inconscient), auprès duquel vous ne pouvez faire valoir vos arguments. D'où le dédain des confrères pour ces discussions non pertinentes, qui laissent de côté l'essentiel : la reconnaissance du pouvoir de l'inconscient. C'est probablement cela qui est à l'origine de vos critiques : vous n'admettez pas l'inconscient freudien (qui n'est pas celui de Socrate, dont on pouvait venir à bout), un inconscient qui nous gouverne, dont nous sommes, à ne pas lui reconnaître sa prééminence, les jouets et souvent les victimes. Faute d'accepter ce préalable, et les limites de la conscience reflexive, le dialogue est sans fin. Il n'y a que moi, vous le reconnaissez, pour le poursuivre avec vous. Sans fin car il ne relève pas d'une argumentation convaincante, mais d'un témoignage, dont on peut vous faire part, mais qui n'emportera pas votre adhésion. Non pas que vous n'ayez pas *"résolu votre complexe d'Œdipe"*, mais parce qu'il y a, chez celui-ci et pas chez celui-la, on ne sait pourquoi, même chez ceux qui ont assumé la problématique oedipienne le plus paisiblement~ un refus d'ouverture à ce monde de "l'au-delà" de la conscience claire. C'est le cas de beaucoup de philosophes dont Sartre est le plus illustre.

Ce n'est pas parce que les analystes *"font du bien à leurs patients"* qu'ils s'en trouvent justifiés.

Merci de me situer au niveau des *"médecins qui croyaient à la génération spontanée"* et n'en faisaient pas moins du bien à leurs patients... Nombre de charlatans, de guérisseurs, de médecins maniant des placebos pratiquent certes ainsi. Mais l'analyse n'est pas la simple écoute, je vous l'ai dit précédemment, et joue essentiellement du transfert et de son interprétation, en essayant d'éviter l'obstacle de la suggestion, d'une façon tout à fait rationnelle, scientifique, quoique "improuvable", hors de l'expérience de sa pratique. Et qui donne, heureusement, de temps en temps, des effets tout à fait spectaculaires.

Nulle *"génération spontanée"* mystérieuse, enfin, de la violence chez le nouveau né humain : seulement un saut dans l'évolution, une mutation génétique, qui a donné l'homme et sa pensée réflexive, inconnue du primate le plus évolué. Qui permet de distinguer les ossements humains de ceux d'un singe, parce qu'ils gardent la trace concrète des rites funéraires qui témoignent d'une croyance, donc de la pensée. Et avec la pensée naît le désir, la possibilité du mensonge, et le mal. La naïveté réductrice des éthologistes est banale - même un Lorenz y succombe en écrivant son *Histoire naturelle du mal* (*L'Agression*) qui débuterait chez l'animal. Sans parler des fadaises qu'on lit un peu partout et qui séduisent le public. Donc, pour conclure avec vous : oui, la *"contamination parentale"* existe, bien entendu mais sans pour autant effacer le primum d'une violence intrinsèque de l'âme humaine, liée au désir, et concrétisée par les pulsions.

Bien cordialement.

XII

Olivier Maurel 22 mars 2002

Cher Monsieur,
Comme vous me l'aviez recommandé, j'ai lu *Malaise dans la culture* de Freud. Je ne nie pas l'intérêt documentaire et historique de ce livre et, pour cette raison, je suis heureux de l'avoir lu. Mais il m'a paru vraiment daté et dépassé, notamment par toutes les recherches éthologiques menées depuis un demi siècle. Et surtout, comme toujours quand je lis Freud, j'ai eu beaucoup de mal à adhérer à son mode de pensée qui ne me paraît guère rigoureux.
Je ne retiendrai des huit pages de notes et commentaires que j'ai accumulées que quelques points de désaccord, parmi les plus saillants .

Freud écrit : *"l'interdit du choix d'objet incestueux"*, est *"peut-être la mutilation la plus tranchante que la vie amoureuse humaine ait subi au cours des temps"* (p.46).
Or, on sait aujourd'hui que, chez les singes, l'inceste frère-sœur et mère-fils est rendu naturellement rare, sans aucun interdit bien évidemment, par une inhibition provoquée probablement par la proximité affective dans la petite enfance. L'interdit de l'inceste n'est donc en

rien *"la mutilation la plus tranchante"*.

Freud écrit (et ici je suis obligé de le citer assez longuement) : *"L'homme n'est pas un être doux, en besoin d'amour, qui serait tout au plus en mesure de se défendre quand il est attaqué (...) il compte aussi à juste titre parmi ses aptitudes pulsionnelles une très forte part de penchant à l'agression. En conséquence de quoi, le prochain n'est pas seulement un aide et un objet sexuel possibles, mais aussi une tentation, celle de satisfaire sur lui son agression, d'exploiter sans dédommagement sa force de travail, de l'utiliser sexuellement sans son consentement, de s'approprier ce qu'il possède, de l'humilier, de lui causer des douleurs, de le martyriser et de le tuer. Homo homini lupus; qui donc, d'après toutes les expériences de la vie et de l'histoire, a le courage de contester cette maxime? Cette cruelle agression attend en règle générale une provocation ou se met au service d'une autre visée dont le but pourrait être atteint aussi par des moyens plus doux. Dans des circonstances qui lui sont favorables, lorsque sont absentes les contre-forces animiques qui d'ordinaire l'inhibent, elle se manifeste d'ailleurs spontanément, dévoilant dans l'homme la bête sauvage, à qui est étrangère l'idée de ménager sa propre espèce. Quiconque se remémore les atrocités de la migration des peuples, des invasions des Huns, de ceux qu'on appelait Mongols sous Gengis Khan et Tamerlan, de la conquête de Jérusalem par les pieux croisés, et même encore les horreurs de la dernière Guerre Mondiale, ne pourra que s'incliner humblement devant la confirmation de cette conception par les faits"* (pp.53-54).

La maxime *"Homo homini lupus"* que Freud considère comme incontestable est plus que contestable car, comme le dit le proverbe opposé et zoologiquement beaucoup plus vrai: *"Les loups ne se mangent pas entre eux"*. Et cela est vrai aussi des hommes qui ont été respectés enfants, ce qui, malheureusement, n'est pas le cas le plus fréquent.

Quant au glissement de la *"bête sauvage"* (à laquelle Freud attribue déjà une cruauté qu'elle n'a pas) aux Huns, aux Mongols, aux Croisés ou aux protagonistes de la guerre de 1914-1918, il est ahurissant de la part d'un homme qui prétend mettre au point une doctrine scientifique. Quel rapport entre les bêtes sauvages et des peuples éminemment civilisés (y compris les Huns et les Mongols) dont la cruauté sans pitié venait précisément de leur culture, de la cruauté de leur éducation, de leur fanatisme religieux ou nationaliste. Je ne comprends pas qu'on puisse prendre au sérieux de tels raisonnements où tous les plans sont mélangés sans aucune distinction ni définition rigoureuse.

Freud écrit : *"Il faut que la culture mette tout en oeuvre pour assigner des limites aux pulsions d'agression des hommes, pour tenir en soumission leurs manifestations par des formations réactionnelles psychiques"* (p.54).

Comment ne pas voir que ce sont précisément les cultures qui, en général, sont d'une cruauté abominable? Est-ce que ce sont les enfants qui ont inventé l'excision ou les camps de concentration?

Quant à l'hypothèse de la *pulsion de mort*, elle est à la fois fausse et inutile. L'entropie propre à la matière inanimée suffit largement à expliquer le fait que la vie aboutisse toujours à la mort sans avoir besoin d'imaginer qu'elle la désire. La vie cherche constamment (si on peut dire) à organiser l'inanimé de façon de plus en plus complexe. Certes, cela se fait par une certaine complicité avec l'entropie dans la mesure où, entre les espèces, le vivant se nourrit du vivant. Mais à l'intérieur des espèces, surtout des plus complexes comme les primates, les animaux, en général ne s'entretuent pas. C'est chez les hommes seulement qu'apparaît la violence extrême des massacres, des viols, des tortures exercés sur leur propre espèce et souvent sur leurs proches. Il est donc beaucoup plus vraisemblable de penser que la cruauté extrême de l'homme ne vient pas de son animalité, puisque cette cruauté n'existe pas chez ses proches cousins, mais, contrairement à ce que pense Freud, de sa culture.

Freud écrit : *"Le développement de la culture doit être, sans plus de détours, qualifié de combat vital de l'espèce humaine. Et c'est cette dispute de géants que nos bonnes d'enfant veulent apaiser avec le « dodo l'enfant do venu du ciel".* (p. 65).

Parler de "la" culture en général ne signifie rien. Toutes les cultures ne se valent pas. Il y a des cultures de mort et des cultures de vie. Plus exactement, il y a dans chaque culture des facteurs de vie et des facteurs de mort. L'opposition culture-pulsions telle que la présente Freud sanctifie la culture et diabolise la nature.

D'autre part, le mépris que manifeste Freud à l'égard de ceux qui ne partagent pas son point de vue et qui deviennent tous des *"bonnes d'enfant"* montre bien qu'il veut transformer sa croyance, respectable comme toutes les croyances, en un dogme absolu. Tous ceux qui n'y adhèrent pas deviennent pour lui des imbéciles et des naïfs.

Freud écrit : *"Chez l'homme originaire, il se peut qu'une nouvelle avancée de la libido ait attisé une rébellion renouvelée de la pulsion de destruction"* (p.66).

On sait aujourd'hui que les bonobos, qui sont les singes dont les pulsions érotiques sont apparemment les plus insatiables (ils règlent leurs conflits par des orgies) sont aussi les plus pacifiques!

Freud écrit : *"Le père des temps préhistoriques était assurément terrible, et on était en droit de lui imputer le plus extrême degré d'agression"* (p.74).

Pourquoi faudrait-il imputer au *"père des temps préhistoriques"* "le plus extrême degré d'agression"? Constate-t-on quoi que ce soit de semblable chez nos cousins les plus proches? Pourquoi donc, à l'époque où les premiers hommes étaient encore davantage régis par l'inné que par l'acquis auraient-ils développé un tel degré d'agression?

Freud écrit : *"Ainsi les deux tendances, celle au bonheur individuel et celle au rattachement à l'humanité, ont-elles aussi à combattre l'une contre l'autre en chaque individu ; ainsi les deux procès du développement individuel et du développement culturel doivent-ils nécessairement s'affronter avec hostilité et se disputer l'un à l'autre le terrain"* (p.84).

En réalité, *"les deux tendances, celle au bonheur individuel et celle au rattachement à l'humanité"* n'ont rien de contradictoire. Elles apparaissent même avant la naissance : le bonheur du foetus est certainement dans son rattachement à l'humanité de sa mère. Après la naissance, le bonheur du nouveau-né est dans le rattachement au sein de sa mère. Et si la mère continue à répondre comme il se doit à la demande de son bébé cela dure tout au long de son enfance. Si l'entourage est affectueux, le bonheur est apporté à l'enfant par son lien avec toute sa famille. Et cela s'élargit par les jeux où l'enfant trouve son bonheur dans le rattachement à l'humanité de ses compagnons.

Bien sûr que cela ne va pas sans accrochages. mais les accrochages sont dus le plus souvent à une relation tendue avec les parents ou à des réactions inadaptées des parents à certains gestes agressifs de l'enfant (morsures par exemple) qui disparaissent au bout de quelques semaines si les parents savent trouver la bonne réponse.

L'enfant ne cherche, d'un même mouvement, qu'à *vivre* et à *vivre avec*.

Bref, comme je vous l'ai déjà dit, je crois, mon opinion générale est que Freud ayant renoncé à sa première découverte (les abus sexuels commis par les parents), a dû reporter sur l'inné, sur l'individu et donc sur l'enfant tout ce qui vient en réalité de l'acquis, des relations sociales et des relations entre adultes et enfants. Il a ainsi formulé une théorie toujours bancale, toujours à réviser, mais qui lui a permis de mettre tout le mal sur le dos de l'enfant. Et comme elle collait parfaitement au désir le plus profond des adultes : ménager et idéaliser leurs parents, elle a eu le succès que l'on sait.

Qu'en pensez-vous?

Sans ménagements mais bien cordialement (souvenez-vous que c'est vous qui avez commencé ce dialogue en demandant à me répondre dans Var-Matin!).

XIII

Olivier Maurel 2 avril 2002

Cher Monsieur,

A la lecture de votre dernière lettre, j'ai été frappé de voir que, pour défendre la psychanalyse, vous êtes contraint de recourir à des procédés qui tendraient plutôt à en montrer la fragilité : refus de discuter les objections, attribution à leur auteur de défauts censés le disqualifier, dogmatisme, arguments fragiles.

Reconnaissez par exemple que le fait d'éliminer d'emblée toutes les *"objections de la raison consciente"* parce qu'elle serait *"à côté de la plaque"*, est une facilité qui, pour vous, simplifie beaucoup les choses. Existe-t-il une autre pratique qui se dise *"rationnelle et scientifique"* et qui refuse de se confronter à des objections rationnelles?

Considérer comme "inutiles" les critiques concernant la démarche de Freud me paraît aussi une facilité. De plus, vous réduisez ma critique au fait que j'aurais perçu des *"échos de la névrose"* de Freud, alors que ce dont je parlais, c'était d'une erreur d'aiguillage radicale consistant, de l'aveu même de Freud, à accuser les enfants pour ne pas accuser les parents. La psychanalyse actuelle est restée sur la même voie et donc, si Freud s'est trompé, elle se trompe aussi, exactement comme se tromperait une branche de la génétique fidèle à Lyssenko[15] (auquel vous faisiez allusion dans votre intervention au Revest que j'ai lue dans les Cahiers de l'Egaré[16]) si elle avait survécu.

Inutiles aussi, d'après vous, les objections concernant l'interprétation du mythe fondamental d'Œdipe. Or, contrairement à ce que vous écrivez, ce ne sont pas des *"détails"* du mythe qui ne concordent pas. C'est sa signification même. Si Œdipe avait vraiment *"désiré"* tuer son père et coucher avec sa mère il aurait tué Polybe et couché avec Mérope qui étaient à ses yeux ses vrais parents. Or, il les a fuis. Sauf si on est décidé à le charger de toute la culpabilité, on ne peut donc dire qu'il ait désiré ses crimes. D'autre part, peut-on nier que les crimes de Laïos (notamment le fait qu'il ait exposé Œdipe) soient antérieurs aux malheurs d'Œdipe et en soient la cause?

Facilité aussi le fait de dire que "les deux options (séduction et fantasme) sont vraies", alors que Freud, s'il hésitait encore en 1905, n'hésitait plus du tout (sauf erreur) à partir de 1914. A propos de la théorie de la séduction, il disait très clairement que c'était *"une erreur"*, une *"invraisemblance"*, une *"contradiction avec les faits"* (*Cinq leçons sur la psychanalyse*, Payot, p. 83). Plus tard, en 1933, parlant de Ferenczi, il écrit : *"Il prend ce qu'il entend pour des révélations, mais ce qu'on obtient réellement, ce sont les fantasmes des patients sur leur enfance, et non l'histoire réelle. Ma première grande erreur sur l'étiologie avait exactement la même cause"*. Je ne

---
[15] Biologiste soviétique (1898-1976) dont les idées sur la génétique sont aujourd'hui considérées comme erronées.
[16] *L'Agora, 1996-1997, A l'épreuve de l'éthique*, p. 78. *Les Cahiers de l'Egaré*, Les 4 Saisons du Revest, BP9, 83200 Toulon.

vois pas comment on peut affirmer qu'il a continué à croire à une hypothèse (la séduction) alors qu'il dit lui-même la considérer comme une erreur! D'ailleurs ce que vous écrivez vous-même montre que vous êtes de son avis. Le *"primum de la violence intrinsèque"* que vous affirmez ne signifie-t-il pas que les abus et la maltraitance subis par l'enfant n'ont finalement guère d'importance puisque, qu'ils soient réels ou imaginaires, la violence est toujours déjà là.

Cette tendance à déclarer sans valeur, à réduire ou à escamoter les objections est due, à mon avis, à la fragilité même de l'édifice construit par Freud et ses successeurs.

N'est-ce pas la même fragilité qui vous amène à attribuer à vos interlocuteurs des opinions qu'ils n'ont pas pour les critiquer plus facilement?

Ainsi, d'après vous, comme Sartre, je n'admettrais pas l'existence de l'inconscient. Or, je reconnais parfaitement son existence. J'adhère tout à fait à la formule que vous employiez dans une de vos précédentes lettres : *"L'inconscient est une mémoire, insue de nous-mêmes"*. Je ne refuse pas du tout *"l'ouverture à ce monde de l'au-delà de la conscience claire"*. J'admets tout à fait la *"prééminence"* de l'inconscient qui souvent *"nous gouverne"* et dont nous sommes *"les victimes"*, ainsi que les *"limites de la conscience réflexive"*. Je dis simplement que ce qu'il y a de dangereux dans cette mémoire est acquis et non inné.

De même, vous dénoncez la *"naïveté réductrice des éthologistes"*, alors que les éthologistes sérieux sont probablement les scientifiques qui nous ont le plus apporté au cours des dernières décennies dans la définition de ce qui constitue *"le propre de l'homme"*. Malheureusement pour la psychanalyse, cet apport ne la confirme guère.

Il me semble aussi que c'est par un commode dogmatisme que vous affirmez (à propos de la "castration") : *"L'analyste sait qui commence : l'enfant"*. Or, il ne s'agit pas d'un savoir, mais seulement d'une croyance, d'une intime conviction, que vous ne pouvez prouver. Et l'on peut en dire autant de votre croyance au *"primum d'une violence intrinsèque de l'âme humaine"*. Cette croyance n'a pas, en elle-même, de valeur supérieure à mon intime conviction que l'enfant est totalement innocent.

Et quand vous quittez le terrain du dogmatisme pour avancer des arguments, ils paraissent étonnamment faibles, pour ne pas dire naïfs. Par exemple l'argument des propos de votre fils comme preuve du fait que le complexe de castration existerait chez l'enfant hors de toute influence des adultes. Si un enfant sait dire qu'il a peur qu'on lui "*coupe le zizi*", c'est qu'il parle et qu'il a très bien pu parler avec d'autres enfants de son âge ou plus âgés qui, eux-mêmes, ont pu subir la menace et la retourner contre votre fils.

De même, affirmer que l'analyste "*s'appuie sur ce qu'il entend de la bouche de ses patients*", c'est oublier que vous avez été formé à entendre et à trier ce que vous entendez d'une manière bien particulière pendant des années de formation psychanalytique et la ou les psychanalyses que vous avez subies. Une amie me disait : *"C'est curieux, au cours de ma psychanalyse, le psychanalyste n'a jamais accordé d'importance au viol que j'ai subi enfant"*. On entend ce que l'on veut entendre ou ce que l'on a été préparé à entendre.

Mais ce sur quoi je voudrais insister, c'est sur le problème de l'origine du mal et de la violence car c'est finalement la raison qui m'oblige à me confronter à la psychanalyse.

Vous écrivez : *"Nulle "génération spontanée" de la violence. Seulement un saut dans l'évolution, une mutation génétique, qui a donné l'homme et sa pensée réflexive"* et *"Avec la pensée naît le désir, la possibilité du mensonge et le mal"*.

Je suis bien d'accord avec vous, là aussi, sur le fait que la pensée est à l'origine de nos malheurs (mais d'une partie de nos bonheurs aussi!) et que les hommes n'ont pas changé depuis Cro-Magnon.

Mais, contrairement à ce que vous écrivez, le désir (du moins ce que j'appelle le désir) me semble préexister à la pensée. Il existe déjà chez les singes. Le petit singe qui tète sa mère manifeste un besoin. Le même petit singe qui veut s'emparer de la branche que tient un de ses congénères manifeste un désir né de l'imitation du désir de l'autre. Il ne veut pas n'importe quelle branche, mais celle de son partenaire de jeu.

Le mensonge et la ruse, les singes les connaissent déjà aussi. Un singe est très capable d'orienter ses congénères dans une mauvaise direction quand il veut profiter tout seul d'un gisement de nourriture qu'il a découvert. Autrement dit, la rupture entre le singe et l'homme me paraît moins radicale que vous ne le dites.

C'est bien de la pensée que naissent la violence et le mal proprement humains. Mais ce n'est pas dû au caractère maléfique de la pensée et du désir ni à des pulsions particulières à la nature humaine.

C'est dû, à mon avis (mon avis aidé par celui de René Girard), au fait que la pensée, les moyens techniques qu'elle a permis d'inventer, notamment les armes, si rudimentaires qu'elles soient, ont rendu inefficaces chez l'homme les processus naturels d'inhibition de la violence qui préservent la survie des espèces et évitent que les chamailleries ne tournent au massacre et à l'extermination. A partir de ce moment, les hommes n'étaient plus protégés de leur propre violence par leur propre nature, non pas parce que leur violence "intrinsèque" aurait augmenté, mais parce que leurs armes étaient devenues trop efficaces. D'après Girard, les hommes auraient été sauvés de la contagion mimétique de la violence meurtrière par le processus de la victime émissaire (convergence mimétique de la violence collective sur un individu un peu différent des autres pour une raison quelconque). Après quoi, toute la violence étant épuisée par ce meurtre, on attribue à la victime massacrée le pouvoir de rétablir la paix. C'est la naissance du sacré. On reproduit le meurtre collectif initial pour assurer la paix, en choisissant une victime qui ne risque pas de provoquer une vendetta : c'est la naissance des rites sacrificiels. On interdit tout ce qui, de près ou de loin, peut être supposé engendrer la violence : c'est la naissance des tabous. On raconte le meurtre collectif initial en omettant de dire que ce fut un meurtre (la victime disparaît mystérieusement ou devient un dieu) : c'est la naissance des mythes (Œdipe, dans *Œdipe à Colonne*[17], disparaît mystérieusement). Bref (trop bref, car il faudrait beaucoup plus d'explications pour rendre cela convaincant), toute la culture est en place. Et le même processus se reproduit des quantités de fois au cours de la préhistoire aboutissant chaque fois à de nouveaux rites sacrificiels, de nouveaux tabous, de nouveaux mythes, tous destinés à conjurer la violence.

La théorie de Girard me paraît supérieure à celle de la psychanalyse parce qu'elle ne suppose aucun saut qualitatif **dans ce que l'homme a d'inné**. Elle n'oblige pas à supposer que des pulsions

---

[17] Deuxième tragédie de Sophocle sur le mythe d'Œdipe.

absentes chez les animaux seraient apparues dans la nature de l'homme. L'homme "girardien" n'a de différence avec les animaux que la pensée (ce qui n'est pas rien!) et, grâce à sa pensée, un surcroît de capacité de mimétisme. Et la pensée change ses relations sociales (son acquis) et non ce qu'il a d'inné.

Ainsi, contrairement à ce que vous écrivez, le problème de l'origine de la violence proprement humaine, c'est-à-dire illimitée, n'est pas celui de l'oeuf et de la poule entre lesquels il serait impossible de décider. L'oeuf, l'inné, le nouveau-né, n'est pas violent. Pas plus violent que ne le sont les animaux les plus proches de nous à l'égard de leurs congénères de la même espèce. La poule, elle (les adultes), a été formée et déformée par une société fondée à l'origine sur des rites sacrificiels ou rites d'initiation cruels qui ont rendu nécessaire de contraindre violemment les enfants à les subir, sur des mythes mensongers et sur des tabous absurdes. Tout cela a engendré, au fil de l'histoire, une société aujourd'hui capable de s'autodétruire radicalement.

La seule chance de survie que nous ayons actuellement est à mon avis d'élever les enfants de manière que la base fondamentalement bonne de ce qu'ils portent en eux d'inné (leur besoin et leur volonté de vivre et de vivre avec) ne soit pas détournée, déformée, orientée vers la violence ou l'indifférence par la violence éducative (physique ou psychologique) des adultes.

Voilà pourquoi la psychanalyse est pour moi une doctrine dangereuse : parce qu'elle invite à voir les enfants comme des sources de violence qu'il faut réprimer dès le berceau par "*LA Loi*" et, si nécessaire, par la violence pour appuyer la Loi. Et qu'elle fournit donc une justification de fait aux châtiments corporels. Vous vous dites vous-même opposé à la fessée mais vos convictions psychanalytiques vous amènent à accepter la claque qui *"dit la Loi"*. Ce qui revient en pratique à accepter le *statu quo* sur les châtiments corporels.

Toujours sans ménagements, mais cordialement.

XIV

Michel Pouquet   **13 Avril 2002**

Cher Monsieur,
Votre dernière lettre, "*réfutant*" Freud, s'est croisée avec la mienne. Et, comme celle que je reçois ces jours-ci, illustre l'impasse dans laquelle nous nous trouvons tous les deux. C'est pourquoi ma réponse aujourd'hui revient au fondement de ces échanges. Votre phrase : "*Existe-t-il une autre pratique qui se dise "rationnelle scientifique" et qui refuse de se confronter à des objections rationnelles*" a le mérite de situer clairement l'équivoque. J'avais pourtant pris bien soin de vous avertir que l'analyste ne pouvait que vous donner une *information* sur sa pratique, et un *témoignage* sur les vérités qui s'en dégagent. Mais aucune discussion rationnelle, réfutation, preuve ou non de sa validité, ne peut être avancée, de mon côté comme du vôtre. Vous allez, bien sûr, parler de dogmatisme... Libre à vous de méconnaître que ce que vous appelez "*ma conviction*" (pour la renvoyer, dos à dos, avec la vôtre), est le fruit d'un siècle de pratique, et non la soumission à Freud. Qui s'est trompé, bien sûr en certains points - et cela de son vivant même, en rectifiant certaines hypothèses : la science est en marche, et connaît des faux pas. Mélanie Klein, et Lacan, ont ensuite ajouté, et

modifié l'enseignement freudien - mais sans rien renier d'essentiel. Au bout du compte, peut être l'enseignement de la psychanalyse est-il, pour comprendre la genèse de la violence, comme vous le dites, dangereux. Cela m'étonnerait, car méconnaître le réel n'a jamais rien donné de bon. En tout cas, *il est*, c'est ainsi.

Bien que rationnelle, et ne relevant pas d'une simple conviction personnelle, comme vous aimez à le dire, la psychanalyse étudie un sujet, dans sa relation avec l'analyste (le transfert), non un objet isolable et présentable (comme le sont les objets habituels de la recherche scientifique). Elle ne s'enseigne pas, elle se transmet dans une pratique. Ceci n'est pas sans conséquences épistémologiques.

Ma dernière lettre essayait de vous le faire comprendre par une image - vous vous attardez à discuter les arguments du concierge (= moi, qui discute avec vous, dialogue de deux consciences) qui vous refuse l'entrée, alors qu'il ne fait qu'obéir aux ordres du patron (= l'inconscient). Vos critiques de la légende d'Œdipe, comme celles du *Malaise dans la civilisation* - et ce serait pareil si vous lisiez *Totem et Tabou* - illustrent clairement l'impasse.

Freud n'a utilisé Œdipe que pour bâtir, à partir de la légende, un *mythe*, de même que dans *Totem et Tabou*, il s'aventure sur le terrain de la préhistoire et utilise l'hypothèse de la Horde primitive de Darwin pour bâtir le *mythe* du Meurtre du Père, qui n'est qu'une application du mythe d'Œdipe essayant d'évaluer son retentissement sur le fonctionnement des sociétés, le fondement de la morale et des religions. Le mythe est une histoire fausse, mais qui s'efforce de faire passer une vérité. Comme dans *Malaise...*, Freud n'a d'autorité, ne s'appuie, que sur ce que lui ont enseigné ses patients sur le fonctionnement de l'âme humaine. Il n'est ni sociologue, ni préhistorien~ ni spécialiste de la Grèce antique... Il essaie de faire comprendre en *incarnant* dans un contexte qui s'y prête ce qu'il sait de l'âme humaine par son métier de psychanalyste.

Inutile de chicaner *"dans la loge du concierge"*, vous pouvez ne pas recevoir ce qu'il vous dit, et continuer de voir les choses à votre façon : l'analyste n'essaie pas de vous convaincre. Mais ne vous étonnez pas que vos critiques le laissent de marbre... La psychanalyse aujourd'hui n'a rien à attendre, par exemple, de l'éthologie, de la génétique, de la neurobiologie. Il peut être intéressant, ensuite, de rapprocher le cheminement de ces disciplines étrangères l'une à l'autre, ou de s'inspirer de ce qui se dit ailleurs (comme Lacan l'a fait avec la linguistique, les mathématiques, ou l'oeuvre de Lévi-Strauss). Mais le socle scientifique de la psychanalyse ne dépend pas de disciplines extérieures : il demeure fondé sur la libération de la parole du patient, et l'écho de cet inconscient, qui nous mène, que l'on peut y repérer

C'est là que je peux quand même vous apporter une information sur la pratique de l'analyse.

Elle a tellement été dévoyée par certains, et vulgarisée de manière balourde - en particulier dans les films anglo-saxons - qu'il faut appeler Lacan à la rescousse pour en avoir aujourd'hui une vision juste. Le seul film, à ma connaissance, (et roman autobiographique) qui donne un aperçu honnête, mais superficiel bien sûr, d'une pratique analytique intelligente, c'est *Les mots pour le dire* de Marie Cardinale[18]. Je crois vous l'avoir dit, j'ai pataugé pendant dix ans dans la psychanalyse sans Lacan, pour savoir quelle lumière ses concepts apportent,

---

[18] Film de José Pinheiro, tiré du roman de Marie Cardinale.

qui éclairent et redressent une pratique dévoyée (tout particulièrement aux USA).

Bien entendu, à part les chromosomes et quelques réflexes élémentaires, *tout est acquis*. Je ne pense pas vous avoir dit quoi que ce soit en sens contraire. Mais à un niveau qui vous échappe totalement, bien en deçà des événements marquants d'une histoire (la séduction par un adulte, par exemple, - ou la fessée...). L'analyse n'est pas essentiellement une école de décodage de l'inconscient (comme l'a cru, je crois, Popper, dont les critiques aujourd'hui font sourire). Ce n'est d'ailleurs pas comprendre qui guérit, mais simplement dire, parler. Le refoulement concerne certes ces événements historiques, dont vous acceptez la présence dans l'inconscient. Mais celui-ci est fait aussi, et surtout, de ce bain de langage dans lequel nous sommes tous plongés, et qui transmet aux enfants les désirs secrets et modes de penser des parents, sans que ceux-ci en aient la moindre conscience. Et ceci ne se repère, grâce au transfert, que sur le divan. C'est elle, cette *"expérience de la parole d'un sujet"* (Lacan), qui, à travers les signifiants qu'il utilise, les rêves, les symptômes de sa névrose, lui fait découvrir, et accepter sans trop d'angoisse, lorsqu'il repère leur caractère infantile, *un peu* de ses désirs. Et ceux-ci sont érotiques, et - ce que vous ne voulez pas entendre - violents. Hors toute agression extérieure, dans les milieux familiaux les plus protégés. Parce que les pulsions érotiques sont contrariées, par la mère et le père essentiellement. Et du fait de ce que vous n'acceptez pas, la pulsion de mort. Vous pouvez, sans recourir à l'analyse, en avoir un témoignage dans vos cauchemars : ceux-ci vous confrontent, la censure s'étant relâchée, au plus près de vos désirs - terrifiants. Si vous voulez apercevoir un peu mieux ceux-ci, remplacez *"j'ai peur"*, dans vos rêves, par *"je désire"* - *ce qui me fait peur*.

Quant à la formation de l'analyste, que vous évoquez - avec raison - elle est faite justement, depuis Lacan, pour éviter de tomber dans le piège manipulatoire des convictions personnelles.

Elle peut se résumer en trois mots : *Écouter* (savoir se taire) - *Entendre* (les sens divers des signifiants du sujet) : c'est là où l'analyste intervient, non pour faire du décodage, mais pour aider le patient à entendre ce qu'il dit. Par exemple que "la mer" peut aussi s'entendre "la mère". *Se garder de comprendre,* de croire qu'il a compris, pour continuer d'écouter si d'autres signifiants - ou significations, ne surgissent pas, auxquelles il ne s'attend pas. Ce n'est qu'à la condition de respecter un *non-savoir* sur son patient, essentiel à une pratique correcte, que l'analyste peut ensuite en tirer un enseignement qu'il sait valable, d'ordre général, toujours confronté à la pratique, et remaniable dans la mesure où il ne rend pas compte des faits.

Qu'une amie ait pu vous dire *"que son analyste n'avait accordé aucune attention au viol qu'elle avait subi enfant"* ne signifie pas obligatoirement ce que vous voulez y voir : peut-être cette femme n'a-t-elle pas voulu s'attarder sur ce sujet... L'analyste ne "vous met pas le nez dessus". Il accompagne son patient là où la parole de celui-ci le conduit. J'ai entendu des patients m'avouer avoir dissimulé, pendant des années, à moi ou à des confrères, des choses qui étaient trop angoissantes à dire. Ensuite, on remanie les faits à sa façon. .

Alors, si vous voulez d'autres informations, ou si mon témoignage vous intéresse, je reste à votre disposition. Mais n'essayez pas de m'entraîner dans des discussions *"dans la loge du concierge"*.

Bien cordialement à vous.

XV

Olivier Maurel 22 avril 2002

Cher Monsieur,
Quoi que vous en disiez, je ne trouve pas que nous soyons tout à fait dans une impasse. En effet, sur deux points au moins je me trouve en plein accord avec vous.
Tout d'abord lorsque vous dites que l'inconscient est fait aussi et d'abord d'un *"bain de langage"*. Je l'avais pensé, avant de lire cette idée dans un livre d'un psychanalyste, en constatant la fréquence des jeux de mots sur lesquels étaient construits certains de mes rêves. J'ajouterais, et là aussi j'avais eu cette idée avant même de la trouver chez Françoise Dolto, que l'inconscient doit être fait d'un bain de voix, ou du moins que le ton et le timbre des voix familières doit nous marquer profondément. L'angoisse qui serre la gorge d'une mère se communique à son enfant, il me semble, par simple mimétisme vocal, via la contraction des muscles de son larynx.
Plein accord aussi, si tant est que je puisse en juger n'en ayant aucune pratique, sur les mots par lesquels vous résumez la formation de l'analyste : *Écouter, Entendre* et *Se garder de comprendre*. Ce respect du *"non-savoir sur le patient"* me paraît

effectivement *"essentiel à une pratique correcte"*.

J'aurais, bien sûr, beaucoup de choses à dire sur le reste de votre lettre. Mais j'aimerais surtout avoir un éclaircissement sur une question:

- Les principes ci-dessus ne sont-ils pas en contradiction avec le fait de *"savoir"* que vous allez trouver nécessairement à la source même de l'être de votre patient violence, désirs érotiques et pulsion de mort? Ce savoir psychanalytique est-il compatible avec le *"non-savoir"* que vous dites nécessaire? Pour être fidèle au principe du *"non-savoir"*, ne faudrait-il pas garder ouverte aussi l'hypothèse que la violence éventuelle que vous rencontrez dans son inconscient vienne de ce qu'il a subi dans son passé, y compris dans son passé prénatal? Pourquoi excluez-vous cette hypothèse? En quoi serait-elle incompatible avec une *"pratique correcte"*?

Bien cordialement.

XVI

Michel Pouquet 7 juin 2002

Cher Monsieur,
Un peu tardivement, je réponds à votre dernière lettre, qui pose une question tout à fait intéressante. L'analyste est-il ou non quelqu'un qui sait?
Il est les deux, mais pas au même moment, ni de la même façon.
Je prends un exemple, entendu chez une patiente. Je la vois pour la deuxième fois. Elle me raconte un rêve : *"je me promène au bord de la mer, il y a une jetée, qui conduit vers le large, j'avance, le chemin est étroit je ne peux pas faire demi-tour, et quand je suis au bout, je me jette dans la mer"* (et elle revient au bord à la nage, happy end !). Elle ne fait aucun commentaire sur son rêve, et bien entendu, je ne dis rien. Je ne sais pas si elle reviendra sur ce rêve, ou si le rêve reviendra et s'imposera à son attention. Et donc, dans cette situation analytique, je ne sais rien, tant qu'elle n'en a pas dit plus. L'essentiel de la formation de l'analyste lui apprend d'une part à se méfier des schémas passe-partout, à ne pas plaquer sur le patient que l'on écoute, d'autre part à se méfier de son propre inconscient : l'écoute "flottante", c'est une oreille pour ce que dit le patient, l'autre pour soi-

même, en pratiquant l'association libre, à partir des signifiants du patient, à la recherche de ce qu'ils peuvent réveiller dans l'histoire personnelle du psychanalyste. C'est pour cela qu'une analyse personnelle préalable est absolument nécessaire. C'est ce repérage de l'identification (inconsciente) qui peut se faire sur le patient qui permet à l'analyste de se garder au mieux de la subjectivité, et lui évite l'angoisse.

Mais le rêve retient cependant mon attention, car j'en ai entendu d'autres analogues, chez d'autres patients (ou dans mon analyse personnelle). Certains de ces rêves ont pu être analysés, révéler leur sens : ce chemin étroit où l'on ne peut faire demi-tour, c'est celui de la vie. Qui mène à la mort, à ce retour à la mère-mer, où l'on peut voir une illustration de la pulsion érotique, dans ce fantasme, ce désir de revenir se fondre dans la symbiose maternelle : c'est cela le fantasme d'inceste, qui n'a rien à voir avec une coucherie comme l'imagine Louis Malle (souvenez-vous du *Souffle au cœur*)[19]. Mais on y repère aussi la pulsion de mort : l'être n'échappe à la contrainte du temps (pas de retour possible en arrière : c'est une des expressions de LA Loi) qu'en l'annulant radicalement dans sa disparition même, qui se conjoint ainsi avec le retour au néant originel. Dans la mesure même où le scénario du rêve annule dans un second temps le mouvement pulsionnel du premier, l'angoisse liée à la disparition du sujet est à peu près évacuée, ce n'est pas un cauchemar.

De la patiente que j'écoute, je me garde de conclure, attendant qu'éventuellement elle me surprenne, ayant inventé quelque chose que je n'envisage pas. De surcroît, la vérité n'est agissante

---

[19] Film de Louis Malle, dépourvu de toute vérité clinique, et ne reflétant que les fantasmes de l'auteur.

que lorsqu'elle est découverte par le sujet lui-même, et avec le cortège d'émotions qui l'accompagne. Et le cheminement que le sujet suivra, compte tenu de son histoire, des signifiants qui sont les siens, est unique, absolument imprévisible, et ne peut faire l'objet d'un savoir général.

Mais même si chacun y parvient selon son cheminement personnel, la répétition d'un même thème, chez tous les analysants (pourvu que l'analyse dure quelque peu), à commencer par soi-même, mène à un savoir d'ordre général - dont il faut se garder lorsqu'on écoute un sujet - mais qui prend toute sa valeur si l'on veut en dégager un savoir sur l'homme en général. C'est ainsi qu'ont pu être dégagés ces concepts qui vous paraissent "*dogmatiques*", que l'analyste manie avec l'assurance de celui qui les entend illustrer quotidiennement, mais dont il ne peut vous prouver le bien fondé. Seulement, comme je le fais ici, vous décrire la genèse.

Quant à une autre source de violence, biologique : mais oui bien sûr, cela est possible, ainsi les mâles sont-ils plus violents que les femelles, en général, chez les animaux dits "supérieurs". Cela n'est pas de mon ressort, mais de celui du biologiste - de même qu'il y a des formes de vie en société qui ajoutent à la violence originelle, et relèvent du sociologue. Je n'oublie pas les autres disciplines, même si celles-ci ont tendance à oublier le psychanalyste ! Le réductionnisme est le péché majeur de l'esprit scientifique, et j'essaie de m'en garder.

Quant à une violence prénatale, in utero, je ne sais qu'en dire. J'ai tendance à ne pas croire au roman prénatal, tel qu'une Françoise Dolto aime en parler. Elle a une expérience de l'enfant que je n'ai pas. Mais autant elle était une praticienne hors pair, autant, sur le plan théorique, est-elle plutôt mal à l'aise et obscure. J'ai un doute sur tout ce que l'on prête au foetus : il n'est pas pleinement humain - dans la mesure où il ne manque de rien. On peut le conditionner, il enregistre parfaitement les sons - mais l'essentiel ne sera en place que lorsqu'il aura quitté son paradis foetal, et qu'il sera en manque = désirant. C'est une opinion personnelle.

Pour conclure d'une manière plus légère, sachez que nos trois pieds d'aubergine poussent très bien, et ont fait plusieurs fleurs. Nous savourerons le fruit en pensant à vous !

Bien amicalement à vous.

XVII

Olivier Maurel 24 juin 2002

Cher Monsieur,
Je trouve très intéressants, dans la présentation de votre méthode de travail, les principes de "*ne pas savoir*", le refus de plaquer des schémas passe-partout, l'écoute flottante... L'assimilation mer-mère et mer-mort m'est aussi familière car très présente aussi dans la poésie. L'attente de la surprise, le respect de la démarche du patient qui seule peut être "*agissante*"... tout cela me semble vraiment bel et bon. Et j'ai sincèrement beaucoup de respect pour votre pratique de psychanalyste.

Mais où je ne vous suis plus, c'est dans l'interprétation que, dans un deuxième temps, vous donnez de ce rêve. Plus exactement, il me semble qu'à ce moment-là vous commencez à plaquer du "*savoir*" psychanalytique, contestable au plus haut point, sur le très estimable "*non-savoir*" du praticien.

Vous vous livrez en effet à une série de glissements explicites ou implicites qui, à mon avis, limitent vos hypothèses dans des cadres de plus en plus étroits.

Premier glissement : vous passez de l'assimilation mer-mort à l'idée de "*pulsion de mort*", expression empruntée au "*savoir*" freudien. Or, cette assimilation pourrait simplement renvoyer, dans une vision plus ouverte et moins orientée, à la simple angoisse ou au simple savoir de la mort, sans qu'il y ait particulièrement "pulsion vers" (le rêve semble d'ailleurs suggérer le regret de l'impossibilité du retour en arrière). Et ce premier glissement me paraît d'autant plus légitimement discutable qu'autant que je sache la réalité même de la pulsion de mort est contestée par un bon nombre de psychanalystes.

Le deuxième glissement est contenu dans la notion même de pulsion de mort chez Freud pour qui cette pulsion est universelle. Personne n'y échappe. Vous "savez" donc que votre patiente ne peut pas lui échapper. Alors qu'on pourrait très bien, de façon plus ouverte faire l'hypothèse que la pulsion de mort n'est présente que chez ceux (les représentants extrêmes de cette catégorie étant les personnalités suicidaires ou les tueurs en série) qui ont été tellement abîmés ou détruits par la vie dans leur enfance que l'autodestruction et la destruction sont devenus leur mode de vie. C'est donc une deuxième fermeture : par le simple fait d'évoquer la pulsion de mort, vous excluez l'idée que votre patiente puisse en être exempte.

Troisième glissement corollaire du précédent : cette pulsion, étant universelle, est évidemment innée. Cela aussi, vous le "*savez*". Quels que soient les malheurs subis par votre patiente dans son enfance, la simple notion de "*pulsion de mort*" sous-entend que ses malheurs présents ont une cause plus lointaine dont la source est nécessairement dans le psychisme même de la patiente en question. Alors que les malheurs subis par elle peuvent très bien être la cause première et peut-être unique de ses malheurs actuels : troisième fermeture.

Quatrième glissement qui peut concerner votre patiente si elle manifeste quelque violence contre elle-même ou contre les autres : la pulsion de mort en sera la cause fondamentale. Les violences subies ne pourront en être que des causes secondes. Là aussi, vous êtes amené à exclure d'autres interprétations.

Vous avez sans doute l'impression que je schématise votre pensée, mais je n'ai fait que développer le contenu de la *"pulsion de mort"* que vous avez repérée dans le rêve de votre patiente.

Si, quand le thème de la mort apparaît dans les propos de vos patients, vous traduisez : "pulsion de mort", vous n'êtes plus dans le *"non-savoir"*, mais bien dans le *"savoir"*, et un savoir hérité d'un raisonnement extrêmement hasardeux de Freud, que ne reconnaissent pas tous les psychanalystes.

Ce qui m'intéresserait donc, c'est de savoir :

1) ce qui vous permet de passer avec assurance de l'image onirique de la mer-mort à la formulation *"pulsion de mort"* (au lieu de dire simplement : savoir ou angoisse de la mort);

2) ce qui vous permet de ne pas avoir de doute sur le *"savoir sur l'homme en général"* (universalité, innéité, source principale de la violence) que recouvre l'expression *"pulsion de mort"*;

3) ce qui vous permet d'exclure avec certitude toute autre interprétation plausible (absence de pulsion de mort chez la patiente, effet fondamental des traumatismes d'enfance sur son état et sur sa violence éventuelle).

Je suis content que les plants d'aubergines greffés prospèrent bien. Vous ai-je dit qu'il faut couper les pousses les plus basses? L'encyclopédie

Larousse du jardinage dit aussi qu'il faut "pincer" les ramifications au-dessus de la deuxième fleur. Mais habituellement je ne le fais pas et les fruits se développent très bien.

J'ai regretté de devoir quitter le sympathique repas offert par Agora, mais c'était vraiment nécessaire car notre amie et ses enfants nous attendaient.

Bien amicalement à vous et à votre épouse avec qui j'ai eu plaisir à évoquer des souvenirs du temps où nous habitions au Clos Henri IV.

XVIII

Michel Pouquet 17 Juillet 2002

Cher Monsieur,
Pour vous répondre, j'ai envie de vous dire : relisez attentivement ma dernière lettre !

Car face à ma patiente, je me garde de conclure, j'attends qu'elle en dise plus, j'accepte d'être surpris par une vérité que je n'ai pas perçue avant elle. Je ne plaque rien, je la laisse dire... Et je n'exclus *"avec certitude aucune autre interprétation, concernant les traumatismes de l'enfance"*, qui bien entendu ont éventuellement leur rôle à jouer.

Mais par la répétition d'écoutes attentives sur différents patients, par différents analystes, se bâtit une théorie, qui me permet de voir - peut-être, mais sans rien lui en dire - dans son rêve, une illustration de la pulsion de mort. Et d'élaborer un savoir général, une métapsychologie dans laquelle la pulsion de mort trouve une place éminente. Je ne *"glisse pas"*, en écoutant la patiente je demeure dans l'expectative. Mais d'un patient à l'autre se bâtit peu à peu la théorie, en constatant la permanence de certaines vérités individuelles, qui, rapprochées les unes des autres, vont bâtir la théorie. Nulle incompatibilité entre ces deux niveaux : de la pratique naît la théorie. Qui permet d'énoncer quelques vérités générales, universelles, sur le fonctionnement de l'âme humaine. Un savoir, ferme, autant que peut l'être tout savoir rationnel, scientifique, constamment remis en question par les faits. Freud l'a illustré le premier, en remaniant sa théorie des pulsions, ou de l'angoisse. Et Mélanie Klein, puis Lacan, ont ajouté leurs pierres à l'édifice. Un savoir sur "l'âme humaine", ne niant nullement les déterminismes sociologiques et biologiques, qui ne sont pas du ressort de l'analyste, mais dont il peut - en particulier pour ce qui concerne l'impact sociologique, constater leur intrication avec les données d'un inconscient que les sociologues, pour leur part, ignorent en général superbement. Ce qui me permet d'être assez agressif lors de mes conférences...

En ce qui concerne la pulsion de mort, j'ai l'impression que vous vous méprenez sur ce concept D'abord, au passage, une rectification : ce ne sont pas *"certains analystes"* qui rejettent la PDM : ce sont les analystes américains (USA, et ceux qui s'en réclament), pour qui cette vérité sur l'homme était inadmissible, car contraire à leur idéologie optimiste. Vous savez sans doute que Freud a été à deux doigts de les rejeter, comme il l'a fait pour Jung et Adler, constatant qu'ils avaient perverti la psychanalyse. Mais ils le payaient en dollars, et l'Autriche était dans la misère. Je pense que vous ne trouverez guère, en France comme en Angleterre (où l'influence de Mélanie Klein a affermi l'enseignement freudien), d'analystes de ce genre - mais il y a toujours des farfelus, qui se disent analystes - le titre n'est pas protégé - et disent n'importe quoi.

Mais revenez à la genèse du concept, pour mieux en saisir la nature. C'est pendant la guerre de 14 que Freud, confronté à la fréquence des névroses traumatiques, et des rêves traumatiques (qui font revivre au dormeur, sans rien en changer, les moments atroces qu'ils ont vécu - cela se voit toujours aujourd'hui, on a inventé les "cellules de crise" pour que des psychologues permettent aux victimes d'accidents de verbaliser leur angoisse, de remémoriser ce qu'ils ont subi) que Freud, donc, a observé que cela ne collait pas avec la théorie du rêve qu'il avait conçue : le rêve-réalisation d'un désir, par la possession d'un objet (rêves érotiques, et de leurs multiples formes sublimées, désexualisées). Dans la névrose traumatique, le désir qui se manifeste est de revivre un passé angoissant, de revenir en arrière, d'annuler le temps par la répétition : c'est cela la forme la plus banale de la PDM, qui, sans qu'il y ait eu de traumatisme, nous fait tous rechercher la routine, l'habitude, la répétition, même de ce qui nous fait mal, en trouvant dans la répétition même une *"jouissance"* : concept apporté par Lacan, et infiniment précieux pour comprendre la pulsion de mort : la jouissance consiste dans une intensité d'être, qui se trouve soit dans la possession d'un objet désiré (pulsion de vie), soit dans la tentative de maîtriser le temps, d'abolir cette perte de nous-même à chaque instant qui s'écoule par la répétition, en particulier la répétition de moments intenses, fussent-ils horribles, et à la limite, par le suicide, qui résout radicalement le problème. Lisez *Au-delà du principe de plaisir* (in *Essais de Psychanalyse*, Petite Bibliothèque Payot) où Freud découvre la PDM, qu'il avait initialement appelée "compulsion de répétition". Pour lui donner ensuite son nom, en se souvenant de l'antagonisme amour-haine évoqué par Empédocle.

Un contresens habituel est de confondre pulsion de mort et violence. La pulsion de mort n'est pas "le mal". Elle est nécessaire, couplée à la pulsion érotique dans le jeu de destruction-construction qui caractérise la vie, la créativité. Ce sont les obstacles rencontrés par la pulsion érotique qui provoquent le "découplage" de la PDM. N'étant plus associée à la pulsion érotique, elle se déchaîne seule, et devient source d'une pathologie dirigée essentiellement contre le sujet lui-même : pathologie psychotique, névrotique, perverse, et psychosomatique.

La violence contre autrui naît de la rencontre de sa propre image lors du stade du miroir (c'est Lacan qui en apporté la théorie, dans Les Écrits). La haine de soi-même, de se découvrir limité, imparfait, se retourne contre autrui, miroir de nous-même : violence narcissique, (quête de l'absolu), distincte de la violence issue de la pulsion érotique contrariée (qui élimine le rival).

Mais en tout ceci, nul *"raisonnement hasardeux"* : tout part des faits, que l'on tente ensuite d'interpréter, de comprendre, en bâtissant une théorie qui en rende compte, et en la modifiant lorsqu'elle ne colle plus. Vous autres, philosophes, penseurs, avez beaucoup de mal à ne pas faire de Freud, à votre image, un *"penseur"* (ainsi que le définissait devant moi récemment Jacques Atlan), qui observe le monde, en oubliant que Freud était un praticien de l'inconscient, dans un dispositif d'écoute de l'âme humaine qui ne se rencontre nulle part ailleurs.

Voilà ma tardive réponse, avant mon départ en vacances. Sachez que nos aubergines poussent bien, mais n'ont pas encore été dégustées !

Bien amicalement,

PS J'aimerais que vous me précisiez, à propos de votre livre, ce que vous entendez par mimétisme, terme dont je ne connais l'usage que dans l'éthologie animale. Est-il proche de l'imitation (consciente) ou de l'identification (inconsciente) ?

XIX

Olivier Maurel   **5 août 2002**

Cher Monsieur,
    Depuis nos rencontres au Pradet et au Revest, j'éprouve davantage de scrupules à critiquer la psychanalyse que vous pratiquez quotidiennement. S'attaquer à la profession de quelqu'un qui converse aimablement avec vous n'est guère courtois. C'est pourquoi j'éprouve une fois encore le besoin de vous dire que ce n'est pas votre personne qui est en question, mais la théorie psychanalytique, et à préciser les raisons de l'opposition que je lui manifeste.
    Je ne vous citerai qu'un petit fait qui, toutes les fois que j'y pense, ravive les réactions que provoque en moi la théorie de Freud. Dans un ouvrage collectif sur les abus sexuels subis par les enfants, ouvrage édité par une Mutuelle, un psychanalyste a mis en exergue à son article la phrase de Sartre : "*A moitié victime, à moitié complice comme tout le monde*". Des bébés de quelques mois ou des fillettes de quatre-cinq ans violés par leur père, "à moitié complices" de leur violeur! Et l'auteur en question prétendait, par son raisonnement, éviter la "victimisation" des enfants abusés! Et cet article a été accepté par les médecins responsables de cet

ouvrage. Pourquoi? Parce que la psychanalyse est en France une science incontestable. Ceci dit, le directeur de publication de cet ouvrage à qui j'ai écrit a reconnu que cette citation était inacceptable. Mais le mal était fait. J'ai aussi écrit à l'auteur de l'article une lettre féroce. A ma grande surprise il m'a répondu très aimablement et m'a avoué, en conclusion de sa lettre qu'il avait été lui-même victime d'abus sexuels. C'est lui, je suppose, qu'il croyait soigner en citant Sartre et en développant son raisonnement. Mais c'est bien la psychanalyse qui permet de telles aberrations.

Ne prenez donc pas pour vous mes critiques, mais voyez-les comme la conséquence d'une indignation toujours renouvelée contre une théorie dont les principaux concepts sont entrés, en France, dans le langage commun, à laquelle on ne peut pas ne pas se heurter quotidiennement en lisant un journal comme *Le Monde*, et qui, à mon avis, donne une explication erronée de l'origine de la violence.

Comme vous m'y avez invité, j'ai lu *Au-delà du principe de plaisir*. J'avais déjà parcouru cette essai il y a plusieurs années, mais j'avoue que les hypothèses de Freud sur la pulsion de mort chez les protozoaires me l'avaient fait tomber des mains.

Cette fois, je l'ai lu de près. Mais le raisonnement de Freud sur la *"pulsion de mort"* que posséderait tout organisme vivant me paraît toujours aussi faux, et cela à cause de... mes plants de basilic (toujours le jardinage!). Pour garder le basilic vert et le voir se développer, il faut "pincer" toutes les fleurs au fur et à mesure qu'elles apparaissent. Pour accomplir sa "mission" qui est de produire des graines et se reproduire, il est alors obligé de se ramifier pour fleurir de nouveau. Le plant prend ainsi du volume et reste vert tout l'été. J'avoue que chaque fois que je le "pince", ce qui est fréquent, j'admire la force têtue de la vie qui fait en un ou deux jours reparaître d'autres fleurs porteuses de futures graines.

Comment donc croire Freud qui voit dans la vie elle-même la source de la retombée vers la mort? Mon basilic n'est possédé d'aucune *"pulsion de mort"*. Il "veut" (si l'on peut dire!) vivre et se reproduire. Il est vrai qu'il est destiné à mourir. Mais ce qui "veut" mourir en lui, ce n'est pas la vie, c'est la matière inanimée qui le constitue et qui ne peut que redevenir de la matière inanimée. Et cette matière, en réalité, ne "veut" rien du tout. Après avoir été soulevée passivement par le mouvement de la vie, comme un grain de sable soulevé par une eau jaillissante, elle retombe à son état initial.

Même si la vie est le résultat d'une évolution de la matière, elle comporte un élément nouveau qui est en opposition à l'entropie : sa "volonté" de s'organiser de façon de plus en plus complexe, de se reproduire à tout prix, peut-être de se refléter dans sa dernière création, la conscience; peut-être aussi de s'éterniser comme nous le font croire un bon nombre de religions.

Comme l'écrit Freud, *"tout être vivant meurt, fait retour à l'anorganique"*. Mais ce n'est pas *"pour des raisons internes"*, et le fait que l'aboutissement de toute vie soit la mort ne signifie pas que ce soit le but de toute vie et que toute vie cherche à revenir à cet état. Mon basilic veut vivre et perpétuer la vie, il ne veut pas mourir.

Quoi qu'il en soit, c'est une question philosophico-scientifique sur laquelle on peut discuter à l'infini sans trouver aucune réponse certaine, et qui n'a qu'un rapport lointain avec le sujet qui m'intéresse : l'origine de la violence.

Pour établir un lien, assez artificiel à mon avis, avec cette question, Freud évoque l'ambivalence des sentiments (tout amour a son revers de haine, etc). Même s'il est vrai que tout amour peut se muer en haine, ils ne sont pas l'endroit et l'envers d'une même monnaie. L'amour ne se retourne en haine, le sadisme n'est une composante de la sexualité, que chez les êtres qui, précisément, ont souffert d'un déficit d'amour, qui ont été victimes dans leur enfance de relations faussées, par exemple qui ont été "aimés" à coups de fessées, de gifles ou de bastonnades, ou soumis à des abus sexuels. Ceux, au contraire, qui ont été aimés, respectés, reconnus et compris sans ambiguïté, sans ambivalence, ne produisent pas naturellement de haine. Cela ne veut pas dire qu'ils en soient incapables. Mais, de même que, dit-on, les cellules cancéreuses que produit en permanence notre organisme sont neutralisées et ne produisent pas de cancer, chez les individus dont le système immunitaire n'a pas été perturbé, les potentialités de haine sont en quelque sorte métabolisées par la capacité de compassion et de compréhension des individus dont le système immunitaire moral, si on peut dire, est intact, capacité acquise lorsqu'ils ont été eux-mêmes, dans leur enfance, objets de compassion et de compréhension.

Dans votre lettre, vous me renvoyez aussi à Mélanie Klein et à Lacan.
J'ai reculé jusqu'à présent devant Lacan dont les quelques bribes que j'ai lues ou entendues à la radio m'ont découragé. Mais je ferai un effort.
Quant à Mélanie Klein, j'ai voulu vérifier ce

qu'en écrit Alice Miller, en lisant sa conférence de 1936 : *L'Amour, la culpabilité et le besoin de réparation*. Ce que j'y ai lu sur le souhait du bébé de mordre et déchirer le sein de sa mère où il retrouve le pénis du père (!) ne m'a pas paru, je dois le dire, très convaincant. Mais, de peur d'être encore victime d'un préjugé défavorable, j'ai voulu lire sa biographie écrite par quelqu'un qui l'admire : Julia Kristeva, elle-même psychanalyste.

J'ai appris dans ce livre :

1) Que l'enfant le plus jeune qu'a analysé Mélanie Klein (dans sa *Psychanalyse des enfants*) avait deux ans et neuf mois. Il est vrai que la nécessité d'un minimum d'acquis langagier ne permet guère de descendre plus bas. Mais l'enfant de cet âge a déjà un passé qui peut être lourd, et nul ne peut savoir s'il n'a pas, avant cet âge, subi d'agression extérieure ou d'agression de la part de ses parents, y compris *"dans les milieux familiaux les plus protégés"* (expression qu'emploie Mélanie Klein en faisant très vraisemblablement allusion - cf. le point suivant - à sa propre famille). Autrement dit, il est tout à fait abusif de considérer que les sentiments violents que Mélanie Klein prétend avoir observés chez les enfants sont innés.

2) Que sur les enfants qu'elle a analysés, trois étaient ses propres enfants, ce qui est, vous le reconnaîtrez, assez aberrant.

3) Qu'elle a dissimulé ce fait lorsqu'elle a publié l'analyse de leurs cas. Elle était donc consciente de cette aberration, ce qui jette un doute sur son honnêteté.

4) Que sa modestie et surtout sa lucidité étaient si relatives qu'elle affirme que les enfants dont elle parle, les siens en réalité, *"sont élevés avec beaucoup d'intelligence et d'amour"* (alors que son

ménage était bancal dès l'origine, qu'elle avait elle-même horreur du sexe, et qu'une de ses filles est devenue plus tard sa pire ennemie, ce qui peut jeter quelques doutes sur la sérénité familiale dans laquelle ses enfants ont baigné et sur l' *"intelligence et l'amour"* dont ils ont bénéficié!).

Peut-on considérer comme un "savoir" des résultats obtenus avec une méthode aussi peu rigoureuse? La *"pierre"* que Mélanie Klein a apportée à l'édifice de la pulsion de mort me semble des plus branlantes.

Pour ce qui est donc de la pulsion de mort, exactement comme je trouve étrange que si tous les enfants du monde naissent avec un désir secret d'inceste et de parricide, il y ait si peu d'incestes (à l'initiative des enfants) et de parricides, je comprends mal, si pulsion de mort il y a, que par exemple si peu de déportés dans les camps de concentration, aient recouru au suicide. Et les déportés qui se sont jetés sur les clôtures électrifiées avaient bien d'autres raisons plus concrètes et douloureusement indiscutables : la faim, les coups, le désespoir (une de mes sœurs qui a été déportée en sait quelque chose) que la très hypothétique pulsion de mort!

Le mimétisme sur lequel vous me demandez des précisions dans le post-scriptum de votre lettre est un comportement instinctif déjà présent chez les singes et dont le bébé commence à faire preuve dès les premiers moments de sa vie. Ce n'est pas seulement l'imitation des mimiques, des attitudes, des gestes, c'est aussi, et c'est dans ce domaine que l'apport de Girard est le plus important, l'imitation des désirs des modèles de l'enfant. Pour Girard, nous avons des besoins innés, mais pour ce qui est de l'orientation de ces besoins (que manger? que boire? qui désirer?), nous ne savons pas désirer autrement que par mimétisme des désirs des autres. Ce qui, au lieu d'engendrer l'harmonie, engendre la rivalité et le conflit autour de l'objet désiré. Le mimétisme porte aussi sur la violence des autres, ce qui entraîne une généralisation de la violence dans les groupes humains si rien ne vient l'arrêter.

Bonnes vacances.

PS. Pourquoi n'envisagerions-nous pas, quand nous aurons l'impression d'avoir épuisé le sujet (si c'est possible!), la publication de ce dialogue épistolaire? Je ne lui connais pas d'équivalent et il me semble qu'il pourrait intéresser un bon nombre de lecteurs qui s'intéressent soit à la psychanalyse, soit à l'origine de la violence. L'Harmattan accepterait probablement cette publication. Qu'en pensez-vous?

XX

Michel Pouquet **25 Septembre 2002**

Cher Monsieur,

A peine ma lettre envoyée, ma femme a retrouvé la vôtre dans ses papiers. Je peux donc vous répondre sans attendre.

Le mot de Sartre - "*moitié victime, moitié complice*" - est parfaitement justifié. Mais pas pour des victimes de quelques mois, bien sûr ! Là, vous auriez raison de vous horrifier. C'est lorsque l'enfant est "séduit" pendant la deuxième phase oedipienne (vers 4-5 ans) - lorsque la fille se détourne de sa mère pour s'intéresser à son papa, ou que le garçon, par crainte des représailles, se tourne lui aussi du côté de son père - qu'ils deviennent "complices". Non pas qu'ils veuillent, consciemment, délibérément - mais ils désirent, sans le savoir, ce qui va leur arriver. Les filles en gardent parfois un souvenir très clair, conscient (elles se souviennent avoir été amoureuses, sensuellement, de leur père). Si vous confondez désirer et vouloir, vous ne comprendrez rien à l'être humain. Ceci dit, le viol n'en est pas moins horrible parce qu'il est désiré. Pire : il est d'autant plus culpabilisé qu'il a été désiré. Or la culpabilité des victimes de séduction est un fait bien connu, qui les empêche le plus souvent de se confier à leur mère d'autant plus que dans cette aventure la mère est devenue la rivale. Nulle "*aberration*" en tout ceci, mais simplement le scandale qu'a toujours soulevé la psychanalyse en évoquant les désirs sexuels de l'enfant.

Au passage, on peut épingler le fantasme, le désir de viol présent chez toutes les femmes, et qui fait hurler les féministes (corporation particulièrement naïve, qui a dû lire Freud en diagonale), qui sont, comme les autres, concernées - mais ne le savent pas. Le désir de viol a l'air scandaleux : il n'est qu'une manière déguisée, a demi censurée, d'évoquer le désir oedipien pour le père, en le mettant à la charge de celui-ci : "il me viole, je n'y peux rien". On débouche sur la colère contre l'homme, et on évacue la culpabilité. Et croyez-moi, j'entends ceci tous les jours. Vous allez dire que j'entends ce que je veux... Moi je sais que cela sort tout seul, de manière très claire, pour peu que l'analyse dure un peu. Témoignage - et non preuve à vos yeux, bien sûr, je ne cesse de vous le rappeler.

Cette dernière remarque vaut pour votre paragraphe critique sur la pulsion de mort. Ne confondez pas, chez Freud, le fait clinique, l'observation de la contrainte de répétition, de conduites d'échec, de rêves traumatiques, qui font souffrir le sujet au rebours de la logique de recherche du plaisir, ainsi que le concept de pulsion de mort qui résume tout cela - avec l'insertion qu'en fait Freud dans une vision plus générale, qui s'écarte de la clinique pour englober toute la matière vivante, et rejoindre la notion d'entropie. Non que cela soit faux, mais vous pouvez y trouver matière à ne pas être convaincu : je vous le répète, il est tout à fait normal que vous ne soyez pas convaincu, puisque le socle de cet édifice conceptuel échappe à votre expérience.

Soyez sceptique, mais ne cherchez pas à discuter ce qui ne peut être l'objet d'une démonstration rigoureuse.

Je vous le répète : pulsions de vie et de mort sont toutes deux à l'oeuvre, ensemble, chez tout être humain : il faut détruire pour construire, il faut partir pour pouvoir arriver. La naissance annonce la mort. Et quand vous *"pincez"* les fleurs de votre basilic, vous introduisez un peu de mort pour produire plus de vie. Bien entendu, votre basilic n'est animé d'aucune pulsion de mort. Il n'y a de pulsions que chez l'homme. Chez l'animal, l'instinct et l'apprentissage intelligent. Il y a seulement analogie avec la vie animale ou végétale. Votre basilic ne veut rien du tout, il est seulement, comme tout ce qui est vivant, aux prises avec des forces constructrices et destructrices, qui chez l'homme s'appelleront pulsions. C'est le conflit entre l'entropie et la négentropie que vous évoquez fort justement[20]. Première cause de la violence, celle qui pousse tout homme a supprimer les obstacles à son besoin d'expansion érotique : on élimine le rival. Rien de pathologique en tout ceci. La pathologie est en cause lorsque l'amour est en panne (bridé par la névrose, ou le poids d'une société mortifère) : la mort se déchaîne, débouche sur la pathologie individuelle, et ses retombées sociétales.

Deuxième cause de la violence, avatar du narcissisme : la pulsion de mort se retourne contre l'autre, reflet inaccepté de soi-même.

Je relève une autre erreur, qui vous fait méconnaître la nature de l'ambivalence : *"l'amour ne se retourne pas en haine"*, dites-vous. Mais ce n'est pas

---

[20] L'*entropie* d'un système caractérise son degré de désorganisation. Au maximum, c'est le retour à la poussière. La *néguentropie*, au contraire, ou entropie négative, désigne la complexification d'un système.

cela l'ambivalence. L'amour et la haine sont les deux faces d'une même pièce de monnaie : on perçoit clairement l'une des deux faces (en général, l'amour), et la deuxième demeure cachée. Mais elle est toujours là. Seule les proportions de l'une et de l'autre varient. L'illustration clinique s'entend tous les jours : celui qui est poursuivi par la crainte obsédante qu'il arrive malheur à ceux qu'il aime, trahit ainsi la face cachée de ses désirs : la haine contre l'être aimé, transformée en sollicitude inquiète. Cela s'appelle une formation réactionnelle. C'est dur à reconnaître par les patients. Quand ils y parviennent, la crainte obsédante disparaît. Accepterez-vous enfin mon témoignage, tout à fait banal ? Plus loin, et là, je vous rejoins facilement, il est vrai que chez celui qui a été aimé, l'amour domine, en général. Si l'on savait aimer...

Dernière remarque : *"les enfants naissent avec un désir secret d'inceste et de parricide"*. Mais vous oubliez qu'il y a aussi un furieux désir de vivre qui y met le plus souvent obstacle. C'est un reflet de la *spaltung*, de la fracture de l'être, déchiré entre des pulsions contradictoires. Et puis il y a LA Loi, que toute société met en place pour parer aux méfaits des pulsions.

A quoi sert enfin que je me décarcasse... comme Ducros... pour vous dire que tout ceci se construit au cours de l'Œdipe, entre papa et maman, et n'a rien d'inné? L'enfant, a la naissance, n'a qu'un désir : retourner d'où il vient, retrouver ce qu'il a perdu, revivre l'unité première in utero - qu'il n'apprécie que lorsqu'il en est privé. Et qu'il ne retrouvera jamais : la fracture et l'exclusion sont deux énonciations de LA Loi... Qu'un candidat à la Présidence mal inspiré a choisi d'éradiquer, comme thèmes de son élection, avec la morosité qui ne

pouvait que suivre sur un chemin aussi ambitieux...
On ne fait pas impunément rêver à l'abolition de LA Loi.

    Quant à Mélanie Klein, je vous l'abandonne, elle a complètement "foiré" avec ses enfants, mais ne l'accablez pas. Songez que les pionniers ne disposaient pas de l'expérience actuelle : Freud a bien analysé sa fille, lui aussi, et ça n'a pas été une réussite. Mais Mélanie Klein a su rester fidèle à la découverte freudienne, contre une Anna Freud qui dévoyait l'oeuvre de son père vers la pédagogie. Mais elle est difficile à lire, et souffre d'être coincée entre le premier découvreur (Freud) et le dernier en date : lisez plutôt Lacan... Ceux qui aujourd'hui en restent à Mélanie Klein (et rejettent Lacan) s'éclairent à la chandelle quand on a inventé l'électricité.
Tant pis pour eux. Mais ne les imitez pas !
    C'est tout pour aujourd'hui !
    Bien amicalement.

NB Ce que vous dites du mimétisme recoupe, me semble-t-il, ce que les concepts analytiques désignent par l'identification - là nous laisserons les singes de côté - inconsciente, et fortement marquée par les désirs parentaux, et l'imitation consciente, où nous retrouverons les singes... Pourquoi ne pas reconnaître la valeur heuristique des outils conceptuels existants?

XXI

Olivier Maurel **8 octobre 2002**

Cher Monsieur,
    L'enfant, selon vous et selon la psychanalyse, est complice de son agresseur et désire inconsciemment cette agression (même le petit garçon sodomisé par son père, si je vous ai bien compris!). De même toute femme désire être violée.
    Comme je n'ai pas la chance d'avoir, comme vous, la pratique de la psychanalyse qui m'aurait non seulement blindé à ce genre d'affirmation, mais me les aurait fait considérer, dites-vous, comme des évidences, j'avoue que je les entends à peu près comme si vous aviez écrit : "Dans les cas de torture, la victime désire être torturée". Ou bien, "Les juifs, les gitans et les tutsis ont désiré le génocide qu'ils ont subi". De plus, il se trouve que je connais très bien quelqu'un qui a subi des viols répétés dans son enfance. Et l'idée de répéter devant elle ce que vous dites des femmes me fait rougir de honte.
    J'avoue qu'à votre place je serais quelque peu gêné d'employer exactement les mêmes arguments qu'emploient tous les parents auteurs d'abus sexuels et tous les auteurs de viols et de "tournantes" : "Elle m'a provoqué", "Elle n'attendait que ça!"
    Il ne fait aucun doute pour moi, bien que vous

ne vouliez pas le reconnaître, que votre point de vue a sa source, non pas, comme vous le dites, dans votre écoute des patients, mais dans l'histoire de la psychanalyse et même, plus largement, dans l'histoire de la révélation des abus sexuels subis par les enfants. Un bref rappel historique, plus précis que ceux que j'ai faits jusqu'à présent, est ici indispensable.

Vous savez très certainement que lors des premièrs rapports médicaux qui, dans la deuxième moitié du XIXe siècle, ont dévoilé les violences et les abus sexuels commis sur les enfants par leurs propres parents, la première réaction, quasi unanime, a été de nier cette réalité et de dire que les enfants avaient menti. Même les réfutations de Tardieu[21] affirmant que les lésions laissées sur les enfants étaient incontestables et que les enfants abusés n'accusaient leur père qu'avec beaucoup de réticence et de crainte, n'ont pu empêcher un grand nombre de médecins de continuer à nier ces preuves et à affirmer que les enfants mentaient.

C'est exactement à l'époque où ce débat battait son plein que Freud a fait sa grande (et à mon avis unique) découverte. Les dix-huit hystériques dont il a étudié les cas lui ont affirmé avoir subi des abus sexuels et Freud a considéré que ces abus étaient la cause de leur hystérie. Et les preuves que Freud avançait de la véracité de ces déclarations étaient infiniment plus solides que celles qu'il a données ensuite pour justifier leur négation.

Comme les auteurs des premiers rapports dont je parlais précédemment, Freud, lorsqu'il expose sa découverte, se heurte à l'incrédulité de ceux qu'il

---

[21] Ambroise Tardieu (1818-1879), professeur de médecine légale, auteur du premier rapport écrit sur les violences et les abus sexuels exercés sur des enfants par leurs propres parents (1860).

appelle *"les imbéciles"*.

La même année, deux psychiatres allemands prétendent que Freud a pris au sérieux des *"fantasmes"* et des *"contes"* caractéristiques des hystériques, et des *"radotages paranoïdes (...) sans aucune signification ou entièrement inventés."* (Ce sont presque exactement les propos que Freud emploiera plus tard pour nier sa première découverte).

Mais Freud, quelques mois encore, reste ferme sur ses positions : *"L'hystérie me semble de plus en plus le résultat de la perversion du séducteur, l'hérédité de plus en plus une séduction par le père"* (Lettre du 6 décembre 1896).

Le 11 février 1897, dans une lettre censurée plus tard par sa fille Anna, Freud conclut que, d'après certains symptômes observables chez son frère et chez quelques-unes de ses sœurs, même son propre père avait dû se rendre coupable de *"séduction"*. Mais ce qui est fascinant, c'est que, dans la même lettre, au moment même où il vient d'évoquer son père, mort quelques mois auparavant, il ajoute que ces sortes de faits, *"à cause même de leur fréquence, éveillent en lui quelque suspicion"*.

Autrement dit, contrairement à ce que vous disiez dans une précédente lettre, ce n'est pas une meilleure écoute de ses patients qui a amené Freud à renoncer à la théorie de la séduction et à véritablement fonder la psychanalyse, c'est au contraire un refus de les écouter, de tenir compte des traumatismes subis dans leur enfance. Et ce refus n'est pas motivé par un souci de mieux écouter leur inconscient, il est motivé par deux faits : 1) Freud ne veut pas croire que les abus sexuels soient aussi fréquents que le disent ses patients, point de vue tout à fait banal à son époque et dont on sait aujourd'hui qu'il est totalement erroné; 2) Freud ne veut surtout pas remettre en question son père.

Et le 21 septembre 1897, il explique de façon très claire à Fliess qu'il ne croit plus à la théorie de la séduction à cause notamment de *"la surprise de constater que, dans chacun des cas, il fallait accuser le père (y compris le mien), de perversion"*. (L'incidente entre parenthèses a été supprimée dans l'édition de 1950 des lettres à Fliess, édition procurée par Anna Freud. Inutile de dire que cette censure est doublement significative, venant de la fille et disciple de Freud et concernant le père de celui-ci). Comment ne pas voir que tout le destin de la psychanalyse, jusqu'aux propos que vous tenez dans votre dernière lettre, se joue à ce moment-là et que le pivot de ce retournement est l'image du père qui ne doit pas être mise en cause.

Toutefois, à deux reprises, le 12 et le 22 décembre 1897, Freud revient dans des lettres à la théorie de la séduction. Il suggère même que la devise de la psychanalyse pourrait être un vers de Goethe : *"Qu'est-ce qu'ils t'ont fait, pauvre enfant?"* (Ce passage a également été supprimé dans la correspondance de Freud).

Les hésitations de Freud durent encore quelques années, et ce n'est apparemment qu'en 1905 que Freud choisit définitivement son camp. Dans une contribution au livre de Löwenfeld, *Vie sexuelle et névrose,* puis dans *Trois Essais sur la théorie de la sexualité,* Freud renie publiquement la théorie de la séduction. Les abus sexuels réels deviennent fantasmes d'enfants ou mensonges de femmes hystériques et la *"vérité"* qu'ils recouvrent simples *"excès de tendresse parentale"*, ce qui est un stupéfiant et scandaleux travestissement de la réalité. C'est la naissance de la théorie de la sexualité infantile et du complexe d'Œdipe qui devait avoir l'avenir que l'on sait, naissance fondée sur la négation des abus sexuels et de la parole des patients.

En 1907, un disciple allemand de Freud, Karl Abraham, fait un pas de plus, celui-là même que vous avez fait dans votre dernière lettre. Pour lui, *"un enfant prédisposé à l'hystérie"* éprouve un *"désir inconscient de traumatisme sexuel"*. La même année, Iwan Bloch, autre psychanalyste, déclare : *"Bien souvent, il ne s'agit pas de "séduction" des enfants, mais la provocation vient plutôt des enfants eux-mêmes"*. Avant l'invention de la psychanalyse, personne n'avait osé aller jusque là. On se contentait de dire que les enfants mentaient pour demander un dédommagement.

Mais ce pas de plus était inévitable et logique. Puisqu'on ne peut nier totalement les abus sexuels, il faut bien qu'ils aient une cause. Comme il est impensable d'attribuer la responsabilité de ces abus aux parents, personnages si dignes, tendres et respectables, il faut bien l'attribuer aux enfants.

Autrement dit, après avoir d'abord confirmé les découvertes faites par les médecins qui avaient osé dévoiler les abus sexuels commis sur les enfants, la psychanalyse affirme non seulement que ces prétendus abus sexuels ne sont que des fantasmes, mais que s'il se produit vraiment des abus sexuels ce sont les enfants eux-mêmes qui les ont désirés et provoqués. Les parents abuseurs ne sont coupables que d'un excès de tendresse! La psychanalyse a tout simplement adopté l'opinion des plus obscurantistes négateurs d'une réalité pourtant dûment prouvée, ils ont donné à cette opinion une apparence scientifique et ils sont allés encore plus loin dans le négationnisme en prétendant que les enfants et les femmes désirent les abus qu'ils subissent! Autrement dit en transformant les victimes en séducteurs!

Voilà la lignée dans laquelle se rangent vos propos.

Vous allez me répondre que votre conviction a pour source non les dogmes freudiens mais l'écoute de vos patients. Mais même s'il est arrivé que des femmes vous aient dit ou laissé entendre qu'elles désiraient être violées, votre généralisation à "*toutes les femmes*" est totalement abusive et il est facile de le prouver.

Les femmes qui viennent consulter un psychanalyste le font en général parce qu'elles éprouvent quelque malaise. Tout ce que vous pouvez dire à partir de votre expérience de psychanalyste, c'est donc que vous avez constaté que les femmes qui se sentent mal dans leur peau et qui, pour cette raison, viennent vous voir, avouent, après un certain nombre de séances, leur désir d'être violées. Ce qui réduit déjà pas mal la cohorte des femmes désirant être violées (quelle est, dans l'ensemble de la population, la proportion de femmes qui se font psychanalyser? 0,5%? Dans cette proportion, quelle est celle des femmes que vous avez psychanalysées? 0,0001%? J'aimerais savoir comment vous passez de ce pourcentage à "*toutes les femmes*"!).

Même si les patientes des psychanalystes expriment vraiment ce désir, ce dont je doute un peu, cela ne prouve encore rien. Car la psychanalyse est aujourd'hui suffisamment vulgarisée pour qu'il soit presque impossible, même à une femme inculte, d'ignorer qu'il est dans sa nature d'avoir voulu coucher avec son père, tuer sa mère et désirer se faire violer. Dans ces conditions, il est assez inévitable qu'après avoir longtemps parlé à un psychanalyste (vous insistez sur le fait qu'il faut que la psychanalyse soit assez longue pour que la patiente déclare enfin son désir!), elle se découvre comme il se doit ces désirs inavoués! Vous m'accusiez de naïveté au début de cette correspondance, mais je trouve qu'il y a beaucoup de naïveté chez les psychanalystes à ne pas tenir compte de ces effets de miroir. Et à affirmer, à partir de quelques constats qu'ils ont pu faire, que *"toutes les femmes veulent être violées"* alors que les aveux qu'ils ont reçus ont de fortes chances de n'être que le reflet de leur propre théorie fidèlement restitué par leurs patientes.

Enfin et surtout, quand on sait le nombre de petites filles qui, même sans avoir été violées ni victimes d'abus sexuels, ont baigné dans une ambiance familiale où régnait la confusion des sentiments (tendresse et érotisme) et des attitudes, il est évident que de tels désirs ont pu être induits par cette confusion et ils ne prouvent rien en ce qui concerne les désirs fondamentaux des petites filles et des femmes. Sans compter l'abondance de films où les viols sont filmés avec le regard d'hommes qui se repaissent de ce spectacle et qui font partager leur regard et leur état d'esprit aux spectateurs.

Comment pouvez-vous considérer comme scientifiques des propos qui découlent manifestement 1) de la négation par Freud de la réalité, 2) d'une généralisation manifestement abusive?

Quant au fait que la majorité des psychanalystes adhèrent depuis cent ans à de tels propos, il ne prouve rien car à partir du moment où l'on a adopté un postulat erroné, toutes les conséquences qui en découlent sont radicalement faussées, bien qu'elles puissent avoir un semblant de logique, et on peut croire pendant des siècles à la génération spontanée ou que la terre est le centre du monde.

Reste à savoir pourquoi tant de psychanalystes

et non-psychanalystes adhèrent aux dogmes freudiens? Probablement pour la même raison que Freud : l'incapacité, parfaitement claire dans le cas de Freud, à remettre en question les parents et surtout leurs propres parents et leur désir de continuer à les idéaliser. Je sais d'expérience que cette remise en question est extrêmement difficile et douloureuse, souvent plus douloureuse que de se remettre en question soi-même. Tardieu en témoignait déjà qui signalait que les enfants étaient les premiers à commencer par nier ce qu'ils avaient subi. Et je comprends très bien qu'on préfère une théorie erronée à une réalité trop pénible à vivre. Mais aucune véritable science ne peut se fonder sur une théorie erronée.

Bien cordialement.

XXII

Michel Pouquet 14 Octobre 2002

Cher Monsieur,
   Je suis bien d'accord avec vous : parler du désir de viol à une femme qui a été violée ne se fait pas... On ne parle pas de corde dans la maison d'un pendu... Mais pour autant, la corde existe bien. Mais on ne peut tout dire, toujours : tout dépend du public. C'est bien pourquoi l'analyste se tait le plus souvent lorsqu'on le questionne : ou bien il ne sait pas, ou bien il ne veut pas dire. Mais ici, entre nous, l'horreur peut, en principe, être abordée sans fard.
   En revanche quand vous extrapolez mes propos au génocide des juifs, vous y allez fort : je ne parle que de ce que j'entends, et ne dérape pas hors de mon domaine...
   Mais la suite de votre lettre m'amuse : elle est tout à fait dans le ton de ce que Freud a entendu à Vienne en 1900. L'inconscient est scandaleux. Vous en admettez peut-être le principe, *in abstracto*, mais quand vous le rencontrez concrètement, il vous horrifie.
   Plus précisément ceci, qui est au cœur de tout être, que désirer (inconsciemment) et vouloir (consciemment) ce n'est pas la même chose, et que l'on peut désirer ce qui vous fait horreur.

Je vous l'ai dit dans ma dernière lettre, mais manifestement, ça ne passe pas...

Loin des choses qui vous tiennent à cœur, observez ce qui se passe lorsque vous allez voir *La Tour infernale*[22] - les films catastrophe attirent beaucoup de monde. Ceux qui aiment ce genre de film *jouissent* dans leur fauteuil, en s'identifiant aux personnages, au héros, menacé par les flammes. Là est le ressort du film. Le *happy end* final n'est là que pour revenir dans l'apaisement d'un monde civilisé. Vous ne comprendrez pas grand chose en l'homme si vous n'utilisez pas le concept de jouissance (qui vient de Lacan, et n'existe pas chez Freud) : c'est cela qui fait marcher le monde. Or on peut jouir dans le plaisir - cela ne fait pas problème, mais aussi dans l'horreur. Jouir, c'est se sentir exister intensément, "s'éclater", se sentir être pleinement (ou à peu près). La grosse bêtise, ancienne, reprise par Gide, est de croire *"que l'homme est fait pour le bonheur"*. Alors qu'il court après la jouissance.

Pour revenir au sujet qui vous révolte, du désir inconscient de l'enfant d'être victime, le mot des pédophiles que vous citez et qu'on lit dans les journaux (*"la provocation vient des enfants eux-mêmes"*) part d'un fait exact : l'enfant recherche un contact sensuel, sans savoir clairement bien sûr où cela mène. Je vous en donne un exemple entendu hier : un papa me raconte qu'il est gêné lorsque sa fille (de 3 ou 4 ans) se jette dans ses bras, il perçoit très bien le caractère sensuel du geste de l'enfant (et ne sait comment réagir) : ce papa embarrassé n'est pas un pédophile, il sait que la sensualité n'a pas sa place entre l'enfant et lui, et il la tiendra à distance, lui enseignant ainsi LA Loi.

Toute la différence avec le pédophile est là : ce

---

[22] Film de John Guillermin et Irwin Allen.

dernier exploite le désir de l'enfant, honteusement, et lorsqu'il avance que la séduction vient de l'enfant lui-même, il méconnaît totalement sa responsabilité d'adulte face à un enfant à qui l'on doit enseigner - et pas seulement ses parents - LA Loi. Cet argument n'a évidemment aucune valeur.

Quant au fantasme de viol, qui vous hérisse, je vous rappelle qu'il n'est qu'une manière déculpabilisante de reconnaître les désirs incestueux de la petite fille (qui se cache au cœur de toute femme). Je veux bien admettre que le fantasme de viol n'est pas présent chez toutes les femmes. Il n'est qu'une parade à l'angoisse de ce qui, pour le coup, et de manière assurée, est universel : les désirs incestueux de la petite fille. Qui se disent naïvement dans cette déclaration que toute petite fille fait un jour à son papa : "quand je serai grande je veux me marier avec toi".

On en sourit, on ne prend pas le mot au pied de la lettre - et pourtant, il est vrai, et implique la sensualité génitale de l'enfant : la crise oedipienne ne se déclenche que lorsque l'enfant a pris conscience du plaisir qu'il trouvait à caresser son sexe. Mais la rencontre concrète de ces désirs infantiles vous fait bondir. Vous revenez continuellement sur les hésitations de Freud "qui s'est trompé"... Or c'est tout à l'honneur d'une démarche scientifique de connaître le doute, des hésitations, des retours en arrière - loin de toute assurance dogmatique. Mais laissons Freud : un siècle d'expérience de l'analyse permet d'affirmer que le débat est clos : il y a aussi bien des faits réels de séduction - lisons les journaux - que des fantasmes infantiles qui disent le désir de l'enfant d'être séduit, alors qu'il ne s'est rien passé.

Des milliers d'analystes - même si chacun ne rencontre dans sa carrière qu'un nombre limité de patients - n'ont cessé de vérifier ces vérités qui vous offusquent. On peut cependant remarquer que, plus l'enfant est jeune, plus ses dires ont de chances d'être vrais. Alors que l'adulte qui évoque des "souvenirs" de séduction risque de n'être que le jouet de ses fantasmes - peut-être comme Freud, justement, dans ses hésitations. N'objectez pas que la clientèle de l'analyste ne reflète pas fidèlement l'ensemble de la population; observez vos proches, vos amis, comme je le fais moi-même : ils fonctionnent tout à fait de la même façon que ceux qui éprouvent le besoin de parler à l'analyste. Quoiqu'il en soit, je ne vous convaincrai pas, et ne poursuivrai pas vainement la réfutation de vos réfutations.

Je ne peux que témoigner. Aussi je vous livre ces propos d'une patiente de 28 ans, entendus cette semaine, et qui n'est pas manipulée par une longue analyse : elle vient depuis deux mois.

Elle remarque, avec étonnement, que les nausées (qui sont l'un de ses symptômes) se produisent régulièrement lorsqu'elle s'allonge sur le divan. Elle raconte un rêve ancien, répétitif : *"mon père venait me chercher à la sortie de l'école, il me prenait par la main, on s'envolait, c'était merveilleux, j'étais heureuse, j'étais toute petite"*. Puis enchaîne sans interruption les propos suivants : *"Dans la glace, je ne me reconnais pas, je me vois toujours petite... J'aimerais être enceinte..., j'ai mal au cœur en vous parlant comme si j'étais enceinte. J'ai honte de vous dire cela* (elle pleure), *vous êtes comme un papa... c'est ici que ces idées me viennent... c'est paradoxal qu'une petite fille veuille avoir un enfant."* [Je demande: "de qui ?"- ce sera ma seule intervention]-*"d'un homme idéal... je pense à mon père, il était vraiment un homme idéal"* (les troubles de ma patiente sont survenus après la mort de son père, vers l'âge de 15 ans). Bref, ce jour-là, elle énonce clairement le désir oedipien de la petite fille : avoir un enfant du père. Notez au passage le rôle du transfert : après m'avoir qualifié de *"comme un papa"*, c'est chaque fois qu'elle s'allonge devant moi sur le divan que les nausées surviennent, et ma présence n'y est évidemment pas étrangère, même si elle ne fait aucune déclaration amoureuse, qui viendrait d'ailleurs obscurcir le clair énoncé de son désir. Trois jours plus tard elle revient : *"c'est incroyable, j'ai été merveilleusement bien après la dernière séance, soulagée d'un poids que je traînais, je n'ai pas été aussi bien depuis des années. Mais aujourd'hui je n'y crois plus, et je suis moins bien"*. Elle vous illustre, par cette dernière remarque la tendance au rejet qui s'opère, elle essaie de nier une vérité choquante. Elle va moins bien <u>parce qu</u>'elle y croit moins... Ce qui vérifie l'aphorisme de Lacan : *"Ne cède pas sur ton désir"*. Assume, accepte de reconnaître ton désir, aussi choquant soit-il. Cette patiente ressemble beaucoup aux premiers cas évoqués par Freud, dans ses *Etudes sur l'hystérie*, son premier livre. Elle a l'intuition juste qui amenait Lacan à voir dans les hystériques de *"merveilleuses théoriciennes"*. Mais la vérité ne se justifie que de la disparition du symptôme, lorsque *"les mots pour le dire"*, des mots vrais, ont été prononcés, dans une parole spontanée et non soufflée. C'est cela que vous méconnaissez, en demeurant au niveau de la logique des témoignages, de Freud ou des autres, moi-même y compris. S'il n'y avait pas ce fait thérapeutique, on pourrait demeurer dans le doute, et accepter que l'analyste puisse se duper lui-même. Mais la disparition d'un symptôme porte le fait bien au-delà de toute réfutation. Nierez-vous toujours le désir d'avoir un enfant du père, avec la dimension incestueuse que cela implique, que celle-ci soit ou non accompagnée du fantasme de viol qui déculpabilise celles qui, n'ayant pas eu l'expérience du divan, n'ont pu formuler clairement leur désir'?

Je doute que, comme un avocat a toujours dans sa manche un bon argument pour plaider une cause, ce témoignage, mieux que les autres, puisse vous convaincre.

Mais pourquoi alors poursuivre encore un dialogue qui se révèle inutile ?

Bien amicalement.

XXIII

Olivier Maurel **22 octobre 2002**

Cher Monsieur,
 Notre dialogue est-il inutile? Personnellement, je ne le crois pas dans la mesure où il nous amène à préciser nos convictions. Et où, s'il est un jour publié, il pourra aider d'autres personnes à préciser les leurs.
 Je reconnais tout à fait que beaucoup de petites filles ont le désir d'épouser leur père. Mais ce dont je doute, c'est qu'elles sachent vraiment ce que veulent dire les mots *"épouser"* ou *"se marier avec"* et qu'il y ait dans leur désir la moindre *"génitalité"*. Les propos tenus par une adulte de vingt-huit ans traduisent-ils nécessairement les désirs de la petite fille qu'elle a été? Et si vraiment vous croyez qu'elle désirait un enfant de son père quand elle était petite fille, comment être sûr que ce ne soit pas l'attitude ou les propos ambigus de son père qui aient induit ce désir? Le fait que cette jeune femme ait gardé de son père le souvenir d'un homme idéal prouve-t-il qu'il l'était vraiment?

 Mais le vrai problème pour moi, c'est l'origine de la violence humaine. Or, je doute que ce soit parce que les petites filles désirent épouser leur père et les petits garçons leur mère qu'on s'entremassacre un peu partout à travers le monde et que la survie de l'humanité est menacée.

Je reviens à votre idée (et à celle de Lacan) de jouissance. Je la trouve intéressante. Mais je crois que l'objet de jouissance recherché par les adultes dépend pour l'essentiel de la manière dont ils ont été traités enfants.

Les adultes qui n'ont été ni respectés ni reconnus dans leur enfance ne se reconnaissent pas eux-mêmes. Ils ne se sentent pas exister parce que leurs sentiments ont été niés et qu'ils ont été obligés de les nier. Pour se sentir exister, ils ont donc un besoin vital de sensations violentes. Les films-catastrophe, les films violents, les films pornos répondent à ce besoin comme y répondent pour d'autres, ou les mêmes, dans la vie réelle, la toxicomanie, l'alcoolisme, la délinquance ou le meurtre en série. J'ajoute, dans l'esprit de la théorie de René Girard, que, ne sachant pas être par eux-mêmes, ils ne savent être que par imitation et se laissent emporter par tous les conformismes, les grégarismes et les fanatismes (Voyez, si vous en avez l'occasion, le film génial de Woody Allen, *Zelig*, auquel j'ai consacré un chapitre dans mon dernier livre).

Les jeunes et les adultes qui, enfants, ont été aimés, reconnus et respectés ne s'intéressent guère à ces spectacles et à ces drogues et ne sont guère portés à ces perversions parce que leur enfance leur a permis de garder l'intégrité de leurs sensations et de leurs sentiments et qu'ils sont capables de tirer parti des moindres sensations de la vie ordinaire : respirer, marcher, sentir des parfums, des goûts, se livrer à des activités qu'ils aiment, vivre la vie la plus ordinaire avec la personne qu'ils aiment, etc. Ils trouvent là la jouissance que d'autres vont chercher dans des drogues diverses. Et le résultat, en ce qui concerne la violence sociale n'est évidemment pas le même.

En ce sens, je pense aussi que l'homme est fait pour la jouissance, mais la jouissance qui nous est vraiment nécessaire n'a nul besoin de correspondre à une excitation violente et, à plus forte raison, à une souffrance infligée à d'autres êtres humains. Je crois que le besoin de toutes les jouissances fortes et artificielles ou perverses citées ci-dessus découle d'un manque d'être produit par une éducation carencée ou maltraitante.

En accordant plus d'importance à la pulsion de mort, qui serait présente dès la naissance chez tous les enfants, qu'à la manière dont ils sont éduqués ou aux rencontres salvatrices qui ont pu compenser leur éducation, pouvez-vous expliquer les différences de comportement entre d'une part les êtres attirés par les (ou capables des) pires violences et ceux qui non seulement ne commettront jamais ces violences mais auront à l'égard des autres un comportement bienveillant?

D'ailleurs dans une de vos premières lettres, vous écriviez : *"la structure sadomasochiste (...) est à la base des motivations où la puissance joue un rôle bien sûr, mais aussi des chasseurs, des pêcheurs à la ligne, des vocations humanitaires, de la taquinerie de ceux que l'on aime, etc.... et aussi des enseignants ou de ceux qui écrivent des livres : vous et moi..."*. Mais si la structure sado-masochiste est à la base de tous les comportements humains, les pires, les moyens et les meilleurs, je vois mal en quoi elle permet d'expliquer la violence. C'est un peu comme si on disait : il y a des hommes violents parce qu'il y a des hommes. Cela ne nous apprend rien sur ce qui rend certains hommes infiniment plus violents que d'autres.

Pour comprendre l'origine de la violence, ce qu'il faut savoir c'est ce qui fait que chez certains la *"structure sado-masochiste"* va faire un Hitler ou un Saddam Hussein, et chez d'autres un pêcheur à la ligne (qui, sauf pour les poissons, me semble quand même moins dangereux) ou encore un "juste" capable de risquer sa vie pour sauver des persécutés. Or, puisque vous avez écrit vous-même, dans votre avant-dernière lettre, que *"tout ceci (désir d'inceste et de parricide, pulsions contradictoires) se construit au cours de l'Œdipe, entre papa et maman, et n'a rien d'inné"*, nous sommes presque d'accord.

Car si je vous comprends bien, l'élément essentiel qui va faire la différence entre d'un côté Hitler et Saddam Hussein et de l'autre le pacifique pêcheur à la ligne ou le "juste", *ce ne sont pas les pulsions* puisqu'elles sont communes aux uns et aux autres *mais bien la relation plus ou moins constructrice ou destructrice avec les parents ou les personnes nourricières*. Sommes-nous d'accord là-dessus? Ce serait un grand pas et la différence entre nous ne tiendrait plus qu'à l'importance respective que nous accordons l'un et l'autre, dans le déchaînement des violences humaines, aux pulsions du nouveau-né ou à la manière dont il est bien ou mal accueilli et traité par ses parents.

Je suis prêt (je fais des concessions!) à accorder 1 à 10% de responsabilité (plutôt 1 que 10, à vrai dire!) aux "pulsions" du nouveau-né : il y a des enfants difficiles, c'est vrai (mais là encore, comment savoir si les difficultés éducatives qu'ils présentent ne tiennent pas à ce qu'ils ont vécu *in utero* et aux souffrances qu'ils ont connues au moment de leur naissance ou en nourrice[23], ou à la crèche). Mais les 90 à 99% restants tiennent au bon ou au mauvais accueil reçu par le nouveau-né et l'enfant qu'il devient. Donc, pour prévenir la violence, l'essentiel, c'est la formation à la parentalité. Et comme il se trouve que près de 90% des enfants sont soumis à la violence éducative dès le plus jeune âge, je crois très important (mais on peut aussi se consacrer à d'autres aspects de la parentalité), de travailler à réduire cette violence éducative. Moyen essentiel, à mon avis, pour réduire la violence tout court.

---

[23] Un exemple : à la fin d'une de mes conférences, un jeune homme m'interpelle à propos de ce que j'ai dit du caractère souvent répétitif des fessées : on a d'autant plus tendance à frapper qu'on a été frappé soi-même. Il sait par ses parents qu'il n'a pas été frappé et il frappe sa fille. Je lui réponds que, si c'est vraiment le cas, c'est assez étonnant. A la sortie de la salle, une personne m'aborde : la mère du jeune homme. Ma réponse lui a rappelé un fait : elle a mis plusieurs mois son fils en nourrice chez une bretonne autoritaire à qui elle n'a pas osé dire qu'elle ne voulait pas qu'on frappe son fils. Aurait-il été plus juste de penser que, dans ce cas, la fessée était *"le résultat du sadisme"* du jeune homme, comme vous l'aviez dit dans Var-Matin?

XXIV

Françoise Maurel 22 octobre 2002

Pardonnez-moi de mettre mon grain de sel dans cette joute épistolaire. C'est sur la demande de mon mari que je formule par écrit la réserve que j'avais émise sur les propos qu'il vous adresse dans les quatre dernières lignes du deuxième paragraphe de sa lettre, réserve qui ne me semble pas nécessaire pour expliquer les sentiments qui handicapent actuellement votre patiente dans son évolution sexuelle. Et ceci en référence à ma propre histoire.

Il se trouve que j'ai quatre fois été longuement privée de mon père durant mes dix premières années, à cause de la guerre et des erreurs de mon père.

Je suis née en novembre 1937 et mon père est d'abord parti à la guerre en 1940. Aucun souvenir.

Mais à partir de la Libération, mon père a fait un an de prison. Libéré, il a refait six mois. Libéré de nouveau (aucune charge suffisante), il s'est enfui en Espagne à la suite de rumeurs de nouvelles purges.

A cause de ces longues absences, des sentiments dont j'aurais en d'autres circonstances oublié l'intensité se sont fixés en moi. Le vers *"Un seul être vous manque est tout est dépeuplé"* me renvoie à l'intense langueur qui m'anéantissait pendant les internements de mon père (j'ai des souvenirs précis de mes attitudes de cette époque). Et j'ai toujours dit que le plus beau jour de ma vie était celui de la première sortie de prison de mon père. En l'évoquant, je suis prise d'une profonde émotion qui, aujourd'hui encore, me fait pleurer. Les heures qui ont précédé ces retrouvailles, je les ai encore fixées en moi, avec cette attente qui m'a paru infinie. Et surtout ce moment, d'une violence intérieure inouïe, où le visage de mon père m'est apparu, comme nimbé de lumière et d'une douceur infinie. Une expérience dont je crois n'avoir jamais revécu l'intensité ultérieurement, même avec l'homme vers qui, depuis, vont tous mes émois.

L'amour entre mon père et moi a accompagné toute mon existence, et le vieil homme qui a aujourd'hui quatre-vingt-dix ans a pleuré parce que je me suis fracturé le poignet ("Les vieux, c'est sensible" s'est-il excusé). Ce sentiment profond ne m'empêche néanmoins aucunement d'être dérangée par certains traits de sa personnalité ("défauts"?).

Comme les enfants de cette époque, j'ai été élevée dans une profonde ignorance sexuelle. A douze ans, j'ai été à deux doigts d'être violée et je n'ai dû qu'à une très grande présence d'esprit de ne pas l'être (et à l'entrave du pantalon baissé de l'homme!). Je n'ai aucunement reconnu les prémices de l'acte sexuel dans les attouchements que le camionneur qui m'avait coincée dans une impasse au retour de l'école, me demandait. (J'ai clamé à mon retour à la maison que j'avais rencontré un homme malade avec une grosse trompe et qui voulait que je le soulage!)

J'affirme que mon sentiment envers mon père n'avait rien à voir avec les premiers émois sexuels envers les garçons de mon entourage à partir de la puberté. Il est vrai que mon père était un homme très pudique dans ses gestes (il l'est resté). Le plaisir que lui donnait mon existence se trouvait suffisamment exprimé par la joie qu'il en manifestait, par ses mots et ses attentions. Je n'ai comme souvenir d'un autre registre, que celui de ma petite main dans la sienne, après de longs mois d'absence et avoir traversé clandestinement la Bidassoa pour le rejoindre.

Par la suite, je n'ai eu aucune difficulté à m'attacher sentimentalement et sexuellement au garçon rencontré à la faculté, alors que je n'avais pas dix-huit ans. Et il n'y a eu, de la part de mon père, aucune réticence envers mes débuts sentimentaux. Je jouissais d'une liberté beaucoup plus grande que toutes mes amies. Mon père avait, une fois pour toutes, décidé de me faire confiance.

Je me souviens d'une amie qui nous disait, à ma sœur et à moi, nous devions avoir quatorze et seize ans, "Mais qui est donc votre père pour que vous l'aimiez ainsi?". Je pense que les séquences présence-absence de notre enfance nous avaient privées d'une éventuelle remise en question adolescente, révolte qui ne m'a donc pas effleurée.

Je crois que l'amour de mon père m'a été un précieux viatique pour aborder ma vie amoureuse d'adulte, et qu'à travers lui, j'ai appris à aimer les hommes, c'est pour moi clair.

Et pour faire référence à votre patiente, je pense que si, à l'adolescence, j'avais à nouveau perdu mon père, il me serait peut-être arrivé la même chose qu'à elle. J'aurais pu rester dans la quête éperdue de l'absent, et ne pas pouvoir, dans une évolution normale, à la naissance de ma propre vie sexuelle, aller vers mon autonomie affective. Point n'est besoin de faire référence à une éventuelle déviance sexuelle du défunt pour justifier une telle déviation.

Je vous prie de pardonner cette longue digression qui m'était nécessaire pour expliquer ma réaction.

XXV

Michel Pouquet   **9 Novembre 2002**

Madame
    C'est à vous que je réponds d'abord. Non par courtoisie, ce qui ne serait qu'une médiocre raison. Mais parce que votre lettre m'a touché, on y ressent le choc d'une vérité individuelle authentique, où pointe le tragique. Et aussi parce que ma réponse sera brève. Je suis d'accord avec vous - contre votre époux ! Il n'est en effet *"nul besoin de faire référence à une éventuelle déviance du (père) défunt pour justifier une telle déviation"* (celle de ma patiente amoureuse de son père défunt). Elle a aimé le sien comme vous avez aimé le vôtre, comme toutes les petites filles, peut-on souhaiter. Mais le transfert, sur l'analyste, d'émois initialement dirigés vers le père et habituellement censurés, fait remonter à la surface ses désirs infantiles, habituellement méconnus par les femmes. Son propos choquant est provoqué par la situation analytique, mais il est vrai : la disparition du malaise - fût-elle temporaire - en témoigne. Elle a aperçu clairement un petit bout de son inconscient, quitte à l'enfouir à nouveau ensuite. On joue a cache tampon avec soi-même dans l'analyse !
    Cela m'amène à revenir aux propos de votre époux. Et pour une fois - miracle -,je suis *presque* tout

à fait d'accord avec lui ! A condition cependant de revenir sur ces quelques lignes qui me font sursauter. *"Je doute que les petites filles sachent vraiment ce que veulent dire les mots épouser... et qu'il y ait dans leur désir la moindre génitalité"*. Comment, cher ami, pouvez-vous penser que tout ceci soit clair dans leur conscience - en oubliant ce que je m'acharne à vous répéter au fil de ces échanges : *le désir est inconscient*, et vous le confondez régulièrement avec le *sentiment* conscient... L'élan amoureux d'une petite fille vers son père est visible, gestuel - le corps parle plus vrai que les mots. Ceux-ci sont toujours maladroits censurés à demi menteurs comme peut l'être la conscience claire de l'enfant et a fortiori celle de l'adulte, plus tard qui a oublié refoulé, tout ceci. La *"génitalité"* est, n'en doutez pas, dans le coup. C'est au moment où l'enfant découvre le plaisir génital (en se caressant) qu'il entre dans le roman d'amour oedipien et prend sa mère, ou son père, pour partenaire amoureux. Cela, pour le coup, est parfaitement conscient, même si les modalités sexuelles de ses fantasmes (inconscients) sont édulcorées ou censurées.

Mais passons sur ce qui n'est pas l'essentiel de votre lettre pour revenir au centre de ces échanges, l'origine de la violence humaine. Entièrement d'accord avec vous : les jouissances morbides dans le réel - celles des asociaux, mais aussi celles du *Grand Bleu*[24], par exemple (vous vous souvenez du film de

---

[24] Ce film "culte" qui présente un monde de copains en quête d'absolu, pour qui l'amour de la femme et de l'enfant ne pèse pas lourd, a drainé les foules vers une jouissance où la pulsion de mort est prévalente. Significatif : le plongeur, bien réel, Jacques Mayol, qui a inspiré à Luc Besson le personnage du héros du film, a toute sa vie couru les femmes, sans en aimer aucune, pour finir par se suicider (témoignage de son frère, lors d'une émission de Mireille Dumas).

Luc Besson), ou d'un James Dean dans *La Fureur de vivre*[25] sous le signe de la violence et de la pulsion de mort, découlent d'un ratage de l'amour dans l'éducation de l'enfant. Sauf celles du spectacle : des films catastrophe, par exemple dont vous ne pouvez nier l'audience, sans que leurs spectateurs soient particulièrement morbides, ni que leur impact soit perturbant. De tout temps, la tragédie a mis en scène des horreurs. Pensez, c'est la référence qui s'impose, à *Œdipe-Roi*... Toute la différence est là, illustrée par cette citation approximative de Platon qui résume parfaitement l'esprit du dialogue (*La République*, Livre IX, 571c et 572b) : "*l'homme de bien se contente de rêver ce que fait le méchant dans la réalité*". Phrase précieuse, qui rejoint votre question : "*pouvez-vous expliquer les différences de comportement entre les êtres... capables des pires violences, et ceux qui ne les commettront jamais?*". Mais oui, bien sûr, et il est étonnant que vous le champion de l'éducation, posiez cette question. Réponse : par l'impact du milieu, et tout d'abord de parents qui aient su les aimer en leur faisant intégrer LA Loi. Le pervers le psychopathe, le psychotique, et dans une moindre mesure le névrotique, doivent l'essentiel de leur pathologie à une carence dans la relation aux parents, et à la pathologie de ces derniers qui ont fait obstacle à la mise en place, chez eux, de LA Loi. Or j'ai bien peur qu'en voulant oeuvrer à réduire la violence éducative vous ne vous contentiez pas de neutraliser le sadisme des parents, mais aboutissiez à affadir la nécessaire rudesse de LA Loi : tout notre débat est parti de là, et y revient périodiquement.

Car vous avez du mal à accepter la chose, votre question en témoigne (= vous oubliez LA Loi). Pour

---

[25] Autre film "culte", de Nicholas Ray, qui aurait dû s'intituler plutôt "*La Fureur de mourir*".

essayer de retenir votre attention, je vous cite cette parole d'un homme que vous estimez, René Girard (Interview du *Figaro littéraire* du 8 Novembre 2002). Il parle "*du sacrifice qui protège l'homme de sa violence*", là où je vous parle de LA Loi, mais ses mots sont les miens "(une) *violence qui arrête la violence*". Or c'est la violence de LA Loi que vous évacuez de ces échanges - car LA Loi est violente mais elle protège l'homme d'une violence plus grande encore, celle de ses pulsions. Elle contraint, elle ampute l'être de sa jouissance, mais par là-même lui permet d'être : pensez à l'accouchement première illustration de LA Loi (l'éducateur, là n'y est pour rien). Tous les gadgets style piscine, ne changeront rien au fait que l'accouchement fait violence à l'enfant, mais le fait du même coup être pleinement humain - ce que n'était pas le foetus, zombie dans un "paradis" utérin qu'il n'apprécie et regrette qu'après l'avoir quitté : accédant ainsi à l'essence même de l'homme au désir - et en même temps à la mort. Voyez le film-parabole de Wim Wenders *Les Ailes du désir*, superbe.

Je suis sans doute aussi d'accord avec vous, bien que je n'ai pas une vue bien claire de sa pensée, sur la violence "mimétique" de René Girard. Peut-être retrouve-t-il là la violence narcissique, décrite par Lacan, née de la rencontre de notre image dans le miroir, qui nous fait détruire l'autre - miroir de nous-même - lorsque l'image qu'il nous renvoie ne nous convient pas Souvenez-vous de ce petit bijou qu'est *Le portrait de Dorian Gray*, d'Oscar Wilde. Peut-être simplement redécouvre-t-il l'aphorisme de Lacan : "*le désir, c'est le désir de l'Autre*"? Si les philosophes se donnaient la peine de lire Lacan, et pas seulement Freud (et encore ce dernier, l'ont-ils vraiment lu et pas simplement feuilleté, sceptiques et hostiles ?) ils s'épargneraient de découvrir la recette de l'eau chaude. Ils pourraient aussi se souvenir que les dires de l'analyste s'appuient sur une pratique, et ne sont pas le seul fruit de ses cogitations. Bon, ne critiquons pas trop c'est déjà beau qu'il existe une certaine convergence des propos.

Mais la violence narcissique individuelle se transfère à l'ensemble de notre société, qui baigne dans une vision narcissique et déréelle d'elle-même et de l'homme. C'est le moment de citer encore René Girard. *"L'Occident... se fait toujours les mêmes illusions sur la bonté de l'homme"*. La puissance s'étale dans les techniques, la consommation est reine, la pub stimule constamment les pulsions, on entend partout la petite phrase idiote : "allez jusqu'au bout de vos désirs " (comme si on pouvait... seul le suicide réalise ce beau programme). La culture du "top niveau", du record, s'étale dans les médias, on fait rêver les gens au "droit à la santé", voire comme dans la constitution des USA) "au droit au bonheur" bâtissant ainsi une image merveilleuse d'un monde utopique. On rêve de Dysneyland, on se réveille déçu dans la morosité et la violence. Et on consomme tranquillisants et antidépresseurs !

Jusque là, nous sommes peut-être, à peu près d'accord. Mais, vous avez escamoté avec LA Loi, la première cause de la violence : qui naît du désir de supprimer le gêneur qui se met en travers de notre désir. Les maîtresses de maternelle observent ça tous les jours, Cela fait aussi, ne l'oubliez pas partie de l'Œdipe, en corrélation avec le désir incestueux de l'enfant qui désire - *inconsciemment* le plus souvent - la disparition du rival. Vous accordez *"1 à 10% de la violence aux pulsions"*! Ne pourriez-vous vous en tenir à une formulation prudente, qui reconnaîtrait sa place à la violence pulsionnelle, à côté de la violence narcissique et de la violence éducative?

Peut-être notre désaccord vient-il de ce que vous vous faites de cette "nature humaine" que je vous rappelle constamment, une idée trop biologique: au-delà du déterminisme chromosomique, dans un bain de langage, tout est relationnel. Les pulsions, vie et mort, s'organisent, se déchaînent ou se régulent, face au désir parental, et bien sûr dans une éducation que l'on voudrait à la fois aimante et ferme. Ceci pourrait-il enfin nous mettre d'accord ?

Je n'ose l'espérer.

Bien amicalement à vous deux.

XXVI

Olivier Maurel **24 novembre 2002**

Cher Monsieur,
J'ai regretté que, dans votre réponse à ma femme, vous n'ayez pas tenu compte de ce qu'elle affirme : "Mon sentiment envers mon père n'avait rien à voir avec les premiers émois sexuels envers les garçons de mon entourage à partir de la puberté". C'était pourtant un élément essentiel de sa lettre.

Je viens de lire coup sur coup trois livres écrits par des femmes qui ont été violées, l'une au cours d'un viol en réunion dit "tournante", l'autre de cinq à vingt ans par son beau-père puis par son oncle, la dernière par son père[26]. Ces trois femmes s'étrangleraient d'indignation si elles vous entendaient leur dire qu'elles ont désiré, même inconsciemment, ce qu'elles ont subi. Mais sans doute penseriez-vous que leur indignation est précisément le signe de leur désir caché... La dernière d'ailleurs s'est entendu dire par un psychanalyste qu'elle avait rêvé l'acte dont elle a mis trente ans à se remettre!

L'amélioration de l'état de votre patiente, que vous citez comme preuve que vous avez vu juste en

---

[26] *Dans l'enfer des tournantes* de Samira Bellil (Denoël), *Mon Enfance assassinée* de Patricia Pattyn (Albin Michel), et *Le Viol du silence* d'Eva Thomas (Aubier).

lui attribuant une attirance sexuelle pour son père, est-elle vraiment probante? Eva Thomas, celle des trois femmes évoquées ci-dessus qui a été violée par son père, raconte comment un psychanalyste a réussi à lui faire croire qu'elle en était amoureuse. Après cette apparente clarification, cette "pause de mensonge", elle a effectivement éprouvé un moment d' *"euphorie"* qui lui a donné l'illusion d'être guérie. Mais elle est rapidement *"retombée dans son enfer"*.

Ce qui peut donner une apparence de vérité aux idées de Freud sur les désirs que les enfants éprouvent à l'égard de leurs parents, c'est que toute relation est évidemment sexuée. Les enfants sentent très bien la différence de genre entre leur père et leur mère, leurs frères et leurs sœurs, ce qui ne prouve en rien une implication de leur génitalité. Ils apprennent (ou n'apprennent pas!) à aimer et même très concrètement à caresser (certains ne l'apprennent jamais parce qu'ils n'ont pas été caressés enfants), dans leur relation avec leur mère et leur père, bien avant que leur génitalité soit éveillée.

Et dans leurs relations complexes avec leurs parents interviennent les émotions spontanées de l'enfant, mais aussi, comme Girard l'a montré, les émotions médiatisées des deux parents dont les désirs sont imités par l'enfant, ce qui, à mon avis, suffit à expliquer que le petit garçon veuille, comme son père avec qui il s'identifie, "se marier" avec sa mère, et la petite fille, comme sa mère, "se marier" avec son père. Et cela indépendamment des premières sensations agréables que l'enfant peut éprouver dans les zones sexuelles de son corps.

Je soutiens personnellement mordicus (pour vous, signe évident que je me trompe!) que les petites filles dont je suis tombé amoureux jusqu'à l'âge de ma puberté ne m'attiraient absolument pas sexuellement. Seuls leur visage, leur regard, leur sourire m'intéressaient, m'attiraient et me faisaient rêver. Ce n'est qu'à partir de la puberté que j'ai commencé à voir les filles autrement.

Il est vrai aussi que ce qui m'attirait dans les visages de ces petites filles, c'était souvent, sans que je m'en sois rendu compte à cette époque, quelque trait de ressemblance avec ma mère qui est évidemment la première personne que j'ai aimée et dont l'empreinte m'a marqué, mais sans que j'aie jamais eu le moindre désir, conscient ou inconscient, de coucher avec elle! Libre à vous, bien sûr, de penser le contraire!

Eva Thomas explique aussi excellemment en quoi le sentiment d'une fillette envers son père ou son frère n'a rien à voir avec ce qu'imaginent les psychanalystes :

"Dans la famille, il n'y a pas de sexe, un père, un frère n'a pas de sexe pour une fille ou une sœur. Il est le père ou le frère, quoi! (...) La fillette vit avec lui comme avec un être asexué parce qu'il porte depuis la naissance, depuis aussi longtemps que la mémoire fonctionne, le statut, le nom de père ou de frère. (...) Les psys pouvaient bien s'acharner à lui prouver qu'elle désirait son père. Elle savait que pour elle, son père n'était pas un homme avec un sexe. Et si le père mêle son sexe d'homme à cette relation, il crée un cataclysme, la perte du sens, il sème un vent de folie dans la tête de la fille. C'est lui le père le semeur de désordre."

Et ce qui confirme les propos d'Eva Thomas et met à mal, à mon avis, les idées de Freud et de la psychanalyse freudienne sur le tabou de l'inceste, ce sont les découvertes faites sur l'inhibition de la sexualité chez les singes entre fils et mère et frère et sœur.

Freud a bâti sa théorie sur l'idée, fréquente à son époque, que les animaux pratiquaient l'inceste à qui mieux mieux, que l'inceste était donc le désir fondamental du petit garçon ou de la petite fille, qu'il fallait à tout prix mettre un barrage à ce désir ravageur, qu'Œdipe ne rêvait que de coucher avec sa mère, et qu'heureusement l'interdit de l'inceste venait mettre de l'ordre dans ce désordre.

Or la simple et récente observation des bonobos anéantit tout cela : les relations sexuelles fils-mère et frère-sœur sont inexistantes chez ces singes qui sont nos plus proches parents (entre père et fille, la situation est évidemment différente, aucune femelle bonobo ne pouvant reconnaître son père et réciproquement). Mâles et femelles copulent allègrement avec tous les partenaires possibles, sauf avec leur mère et leur sœurs. Le simple fait d'avoir été élevés ensemble ou par leur mère inhibe la sexualité, pourtant débordante, de ces animaux.

Sans doute direz-vous : mais les hommes ne sont pas des singes. Il y a la pensée, le langage, le stade du miroir... Malheureusement pour la psychanalyse, cela se vérifie aussi chez les hommes. Une étude a été faite sur plus de 14 000 cas de petits Taïwanais, élevés ensemble, c'était une tradition chez eux, dans le but d'être mariés. Les mères de petits garçons prenaient chez elles des petites filles dès le plus jeune âge dans le but d'en faire leurs brus. Le résultat conjugal est catastrophique parce que les époux ne sont absolument pas attirés sexuellement l'un par l'autre. Et il est même certain que, chez les enfants, le même effet d'inhibition joue avec le père comme avec la mère quand l'enfant est élevé par ses deux parents[27]. Un certain Westermarck, savant lithuanien contemporain de Freud, l'avait très bien compris avant même les observations des primatologues, mais ce n'est malheureusement pas son explication qui a été retenue. On trouve tout cela dans le livre *Quand les singes prennent le thé* (Fayard, 2001) du spécialiste des bonobos Frans de Waal.

Bien cordialement malgré nos multiples désaccords.

---

[27] Les incestes entre frère et sœur semblent surtout se produire dans un contexte de maltraitance ou d'érotisation des relations en famille.

XXVII

Michel Pouquet   **3 Décembre 2002**

Cher ami,
    Ma lettre sera brève cette fois-ci, car je crois qu'on a fait le tour de ce qui pouvait se dire, et que nous tournons en rond.
    Je vous rejoins totalement quand vous évoquez votre attirance de grand gamin pour les filles qui vous plaisaient, pour leur physionomie, qui pouvait vous rappeler quelque chose de votre mère. vous décrivez-là le phénomène amoureux, jeu d'images narcissiques, où l'on retrouve sa propre image mêlée à celle de l'autre - à commencer par le premier autre, bien sûr, la mère. Mais être amoureux n'est pas aimer quelqu'un, bien au-delà de son image. Aimer, donne au désir sexuel sa place éminente, qui peut faire défaut chez les amoureux. Souvenez-vous de la "panne" de Philippe Auguste, avec sa deuxième femme, tellement belle qu'il n'a pas pu... Ça a remarché avec la troisième, pendant qu'on envoyait la deuxième finir ses jours au couvent. On était encore au Moyen Âge, époque plus civilisée que par la suite : au XVIème siècle, on brûlait les sorcières pour des raisons de ce genre...
    Revenons aux choses sérieuses. En laissant de côté les singes : nous en avons déjà parlé, n'appelez

pas l'animal à la rescousse. Il y a de l'animal dans l'homme, mais pas d'homme dans l'animal. Certains sont inhibés par la vue du familier, d'autres pas. Parler d'inceste chez les singes n'a pas de sens, c'est une vision comportementale à courte vue, dont certains bateleurs de médias sont friands, mais dont je pensais que vous saviez vous garder.

Mais pour le reste de votre lettre, qu'il s'agisse de votre femme, à qui j'avais bien précisé que c'était dans la situation analytique que remontent de tels souvenirs - dont elle était, elle, préservée par l'oubli; qu'il s'agisse des femmes violées - dont justement je venais de vous écrire que je me garderais bien de parler de tout ceci en leur présence; qu'il s'agisse d'Eva Thomas, qui en effet a pu censurer à nouveau ce qu'elle avait découvert : j'avais moi-même évoqué cette très fréquente éventualité en parlant de ma patiente; qu'il s'agisse encore d'Eva Thomas, élevée dans une famille où LA Loi était bien en place, et donc tout désir incestueux censuré, refoulé; qu'il s'agisse des petits Taïwanais élevés comme frères et sœurs, et donc protégés du désir par un interdit intériorisé et refoulé, la remarque que l'on peut faire est la même. Vous vous situez au niveau du sentiment, de la conscience claire, du "cognitif", comme le disent les nouveaux psy qui, comme vous, rejettent Freud. Bref vous oubliez à chaque fois qu'en-dessous de la conscience, tapi dans un coin, inaperçu, il y a l'inconscient. Vous avez même ce mot extraordinaire (à propos de vos désirs amoureux, et non sexuels), qui vous a peut être échappé : *"Je peux vous assurer que je n'en garde aucun souvenir conscient ou inconscient"*. Comment pouvez-vous affirmer n'avoir pas eu quelque chose qui échappe à votre connaissance consciente ?

C'est là-dessus que nous pourrions, je pense,

conclure. L'inconscient ne se prouve pas, l'expérience de l'analyse ne provoque sa rencontre que pour celui, analyste ou patient, qui la vit. Et encore, bien entendu, chaque patient peut la vivre mal, et en sortir, comme Eva Thomas, furieux d'avoir aperçu ce qu'il se refuse finalement de voir. Et qui est en effet scandaleux - comme ce l'était déjà du temps de Freud.

Bref, je ne peux vous convaincre, seulement témoigner. Et libre à vous de n'y pas croire, de voir là illusion ou manipulation (comme Eva Thomas). Je n'ai pas la naïveté d'un St Thomas d'Aquin, qui s'efforçait de prouver l'existence de Dieu. Mais - pour poursuivre cette comparaison - ce n'est pas derrière un pilier d'église, comme Claudel, que ce Dieu-là, *"je l'ai rencontré"*, comme dit l'autre. C'est dans mon analyse personnelle, et en écoutant mes patients, que je le rencontre chaque jour.

Mais de votre côté, réfléchissez. Si la démarche de St Thomas est naïve, elle n'est pas absurde : on peut s'efforcer de vouloir prouver ce que l'on croit exister.

En revanche, l'athée ne peut prouver la non-existence de Dieu, et l'athéisme d'ailleurs, de nos jours, a un peu disparu du vocabulaire. On parle d'agnosticisme : je ne peux savoir, je ne peux croire, mais je ne peux nier. C'est ce qui d'ailleurs, loin des positions idéologiques agressives de l'athéisme, a amené cette coexistence pacifique, aujourd'hui, de l'homme de science et du croyant.

Tandis que votre réfutation répétitive, à l'aide d'arguments sociologiques, éthologiques, ou cognitifs, est une erreur logique : on ne démontre pas l'hypothèse nulle. J'ai appris cela à l'université, aux cours de statistiques. On ne peut prouver une absence comme on prouve une présence. L'alibi que donne celui qui déclare, par exemple, avoir été tel jour à telle réunion publique, est valable si quelqu'un l'a vu, photographié, ou parlé avec lui. Mais si personne ne l'a vu, on ne peut rien en conclure. Il était peut-être là, mais est demeuré inaperçu : comme l'inconscient. Votre réfutation répétitive va au rebours de cette logique. Les faits que vous avez évoqués, en particulier de nature sociologique, tout au long de ces échanges peuvent être tout à fait intéressants, et participer pleinement du fonctionnement de l'âme humaine. Mais ils ne réfutent pas l'inconscient. D'autres causes que l'inconscient peuvent mouvoir l'homme : Freud, le premier, évoquait la possibilité d'une cause biologique à la source des névroses. Mais ceci ne réfutait pas l'inconscient. Pas plus que les récentes découvertes des neuro-sciences ne disqualifient la psychanalyse. Se garder de toute prétention réductrice devrait être le premier souci du scientifique. Mais - à parcourir les médias - manifestement, ça ne l'est pas.

N'accablons pas les confrères. Qu'ils méconnaissent l'inconscient s'explique aisément : par nature, il passe inaperçu. Et ils demeurent des hommes, avec leurs mécanismes de défense contre quelque chose d'inquiétant.

Bref, vous vous efforcez, en vain, de prouver une absence. Pas plus que je ne peux vous prouver l'existence de ce même inconscient, mais pour une raison différente : parce qu'il ne se manipule pas comme un objet, mais se rencontre dans un dispositif approprié.

Ne pensez-vous pas qu'il serait temps, aujourd'hui, de prendre acte de cette opposition radicale, et de rester bons amis, chacun poursuivant de son côté le cheminement de sa pensée et de son approche du réel, plus ou moins rationnelle, plus ou moins idéologique - comme toujours - les deux étant, chez chacun, difficiles à démêler ? Et en sachant, ce que les psychanalystes ne sont pas seuls à affirmer aujourd'hui, qu'il n'existe pas de discours qui puisse prétendre affirmer LA Vérité - mais seulement des petits bouts de vérité, toujours incomplets, et susceptibles de remaniements au fil des découvertes de la science ?

Dans cette tolérance mutuelle de la méconnaissance du réel, inévitable chez chacun bien au-delà de nos deux personnes, ne pourrions-nous clore ce débat ?

Bien amicalement à vous,

XXVIII

Olivier Maurel 19 décembre 2002

Cher Monsieur,

Malgré toutes nos divergences, nous voilà d'accord sur un point : nous pouvons clore ce débat. Nous n'avons pas tout dit loin de là, mais, si ce dialogue doit paraître, il a posé quelques bases qui aideront peut-être un éventuel lecteur à poursuivre sa réflexion.

En réponse à votre dernière lettre, un mot simplement : j'ai toujours dit que j'étais convaincu de l'existence de l'inconscient (cf. en particulier ma lettre du 2 avril). Mais la violence qui en émane n'a pas pour vous et moi la même source : la violence naît pour vous des pulsions de l'enfant; pour moi, des conséquences de traumatismes subis par l'enfant.

Je souhaite terminer pour ma part cet échange en synthétisant ce qui se trouve éparpillé dans mes précédentes lettres mais en évitant toute polémique. Peut-être souhaiterez-vous en faire autant, et je vous laisse volontiers le dernier mot, à moins que vous ne préfériez en rester sur votre dernière lettre.

La lecture des livres de Frans de Waal, que j'ai déjà cité, m'a beaucoup appris sur les idées de Darwin qui ont influencé Freud et continuent à nous influencer.

Je crois que l'évolution de la vie ne fait nullement de la violence meurtrière une fatalité à l'intérieur des espèces. Il n'en va pas de même évidemment entre espèces différentes. Encore que certains exemples d'enfants élevés avec des fauves jusqu'à l'âge adulte semblent montrer que la familiarité dès le jeune âge inhibe la violence comme elle inhibe la sexualité et peut permettre des formes de relations sans violence d'une espèce à l'autre, si féroces soient-elles habituellement l'une à l'égard de l'autre. Il est d'ailleurs significatif qu'aujourd'hui tous les dompteurs d'animaux, Bartabas, Gruss et autres, soient unanimes : le vieux système gratification-punition est abandonné. "Il ne s'agit pas de dressage, disent-ils, mais d'éducation par la confiance et l'amour". Ce qui est possible avec les lions et les tigres serait-il impossible avec les enfants?

Il semble en fait qu'une mauvaise lecture de Darwin (notamment celle qu'en a faite Thomas Huxley[28]) ait imposé à nos esprits et généralisé une conception erronée de ce qu'il a appelé la lutte pour la vie. D'après Frans de Waal, Darwin exprime, dans *La Filiation de l'homme*, l'idée que la morale ne s'oppose pas à l'évolution, malgré le caractère féroce de celle-ci, mais naît dans son prolongement, sans discontinuité : "Tout animal, quel qu'il soit, pourvu d'instincts sociaux bien marqués, (...) acquiert inévitablement un sens moral, ou une conscience, dès que ses pouvoirs intellectuels sont aussi développés, ou presque, que ceux de l'homme". "L'idée que nous sommes des machines de survie, poursuit Frans de Waal, que nous sommes des

---

[28] Physiologiste anglais (1825-1895), ami et disciple de Darwin, qui a défendu la théorie de l'évolution.

égoïstes nés et avons besoin qu'on nous apprenne la bonté (...) était étrangère à Darwin, mais tout à fait typique d'Huxley". Cette précision me semble importante pour montrer que la formation morale des enfants ne doit pas nécessairement entrer en opposition avec leur nature et qu'il est plus légitime de faire confiance à cette nature que de s'en défier.

Si l'on regarde sous cet angle l'évolution de la vie jusqu'aux animaux sociaux les plus proches de nous, comment peut-on voir l'éducation?

Je crois pour ma part que l'enfant qui vient au monde y arrive animé d'énergie et non de violence. Cette énergie le pousse à vivre et, pour cela, à créer des liens avec son entourage, à reconstituer dans les bras et dans les soins de sa mère le nid, cette fois social et non plus physiologique, qui le protégeait avant sa naissance. La première tétée réalise dans un seul mouvement et dans une même attitude ce double besoin : elle satisfait le besoin de l'enfant en nourriture et en tendresse enveloppante, elle crée un lien intime avec la mère qui est la première "autre" que rencontre l'enfant. Il est peut-être significatif d'un degré d'évolution supérieur que les mères singes comme les mères humaines soient les seules qui serrent leur petit dans leurs bras pour le faite téter et établissent donc avec lui un lien supplémentaire de tendresse.

La création de ces liens est pour lui vitale puisqu'il dépend entièrement de sa mère pour sa survie. Son corps le sait et le pousse à assurer cette relation par les comportements d'attachement auxquels je faisais allusion dans ma lettre du 10 février. Et s'il existe une agressivité dans cette poussée, elle n'existe qu'au sens étymologique du mot agressivité : aller, progresser vers.

Si cette demande de lien est accueillie avec

tendresse, si la mère et l'entourage y répondent efficacement et chaleureusement, protègent l'enfant, pourvoient à ses besoins et lui laissent, au sens propre comme au sens figuré, l'espace nécessaire pour grandir, l'enfant se développe, sauf cas pathologique, sans manifester de violences. Du moins de violences autres que passagères et dues au fait que son système nerveux inachevé ne lui permet pas de maîtriser tout seul ses colères et ses pleurs, signes de fragilité et non de violence.

Si au contraire l'enfant est accueilli avec froideur ou rudesse, si l'on répond à ses demandes et à ses pleurs sans douceur, par des cris et des coups, l'enfant, toujours animé par son désir de vivre, souffre mais s'adapte. Il intègre à son comportement la froideur, les cris et les coups[29] qu'il croit mériter et qui lui paraissent normaux. Il s'identifie à ses parents et se juge comme on le juge. Il devient celui qu'on voit en lui et qui n'est souvent que l'image dévalorisée que les parents ont d'eux-mêmes et qu'ils ont apprise de leurs propres parents. Et il se prépare à reproduire de toutes sortes de manières, sur lui-même, sur les autres et plus tard sur ses propres enfants, la violence éducative que ses parents lui ont appliquée.

Quant aux limites nécessaires, je crois qu'elles consistent moins à *exercer* l'autorité qu'à *faire* autorité par la confiance qu'on inspire à l'enfant, confiance que rien, notamment pas la violence, ne doit rompre. Même s'il a du mal à les admettre, les

---

[29] On sait aujourd'hui que l'observation d'une action stimule exactement les mêmes zones du cerveau que sa réalisation. C'est-à-dire que, par l'imitation empathique qu'elle suscite chez l'enfant qui l'observe, la violence des parents installe des mécanismes de violence dans le cerveau des enfants. Tout cela est très bien expliqué dans *La Nature de l'esprit* du Professeur Jeannerod (Odile Jacob, 2002).

refus qu'on est amené à opposer à certains de ses désirs sont d'autant mieux (ou moins mal!) ressentis et compris par lui, qu'ils sont expliqués, fermes et rares et que l'enfant sent clairement leur accord avec la volonté de ses parents de lui laisser le plus d'autonomie possible tout en le protégeant.

Je ne dis pas que cette partie de la tâche des parents soit facile, loin de là. Elle est même très difficile avec certains enfants. C'est pourquoi je crois, qu'il est indispensable, surtout dans notre société où les parents sont souvent très seuls avec leurs enfants, que soit assurée une formation à la parentalité et un réseau permanent d'aide aux parents pour qu'ils puissent trouver facilement une écoute et une assistance quand ils risquent d'être dépassés. Cela commence à se réaliser.

Un enfant ainsi aimé et respecté par des parents qui se respectent eux-mêmes et savent se faire respecter, porte en lui une boussole très sûre pour se conduire avec discernement toute sa vie, à travers les lois, bonnes et mauvaises, parce qu'il sait d'expérience, pour en avoir été l'objet, ce que c'est qu'amour et respect. L'enfant a davantage besoin de lois-boussoles que des lois-barrages.

L'intelligence de l'enfant, développée dans ce contexte affectif, pourra s'épanouir elle aussi avec plus de vigueur, l'épanouissement des capacités intellectuelles étant, on le sait mieux aujourd'hui[30], étroitement lié à celui de l'affectivité. Et c'est par son intelligence et son affectivité qu'il fera le tri entre les lois qui doivent être respectées et celles qui peuvent, et parfois doivent, être transgressées. C'est pourquoi la loi ne doit pas lui apparaître comme un absolu. Même les règlements militaires commencent à le reconnaître, et les juges parlent, dans certains cas,

---

[30] Notamment par les travaux de Damasio.

du nécessaire "courage de désobéir".

La raison principale pour laquelle je conteste la psychanalyse freudienne, (alors que je n'ai rien contre celle qui se réclame de Ferenczi) c'est qu'elle fait voir l'enfant comme la source de la violence, et que, souvent, elle sous-estime ou même ne voit pas la violence des adultes à l'égard des enfants. Elle prend ainsi le parti de Laïos contre Œdipe. Elle suppose des tendances criminelles dans le fils et en fait la source de la violence, et ne voit pas ou sous-estime la violence bien réelle et incontestable de Laïos. Et cette manière de voir risque de perpétuer la violence en inspirant aux parents une peur des "pulsions" de leurs enfants assez semblable à la peur inspirée à Laïos par l'oracle qui lui annonce le parricide et l'inceste. Or, c'est cette crainte qui fait que Laïos, au lieu de "reconnaître" son fils et de se faire connaître par lui, lui perce les pieds et le fait exposer dans la montagne pour qu'il y meure. C'est pourquoi, quand plus tard Œdipe rencontre Laïos sur son char, "au carrefour des trois routes", il ne le reconnaît pas non plus et le tue. Pas plus qu'il ne reconnaît sa mère en Jocaste. *C'est parce que Laïos a eu peur de l'oracle qu'Œdipe l'accomplit.* En attribuant aux enfants des pulsions criminelles, la psychanalyse ne risque-t-elle pas d'être l'oracle qui justifie la violence éducative des parents et empêche plus tard les enfants, devenus adolescents ou adultes, de reconnaître les autres et de les respecter?

En fait, même la violence éducative des parents ne vient généralement pas de la malveillance ni du sadisme, mais du simple fait que la majorité des parents ont été élevés avec violence, se sont identifiés à leurs parents et reproduisent ce qu'ils ont subi. C'est la force de la vie elle-même, par la volonté qu'elle donne à l'enfant de survivre malgré tout, qui le fait se soumettre ou se blinder contre les traitements qu'on lui inflige. Il grandit en portant ce souvenir dans son système nerveux et dans son corps et, sauf si quelqu'un lui donne l'occasion de comprendre qu'il a été maltraité, reproduit sur ses propres enfants, en croyant bien faire, ce qu'il a subi.

Dans la plupart des pays européens, où le niveau de la violence éducative a baissé (mais pas le nombre de parents qui l'utilisent), nous pouvons avoir l'impression que le problème posé par l'éducation est actuellement celui du laxisme. C'est probablement vrai dans certaines familles et ce n'est pas étonnant. Il est difficile de passer sans heurts ni erreurs d'une éducation violente à une éducation sans violence.

Mais le laxisme des parents n'est pas la source principale de la violence actuelle de certains jeunes. De nombreuses études, notamment en France celles de Marie Chocquet[31], ont montré que la violence commise a presque toujours pour origine une violence subie. Et les enfants et les jeunes violents sont dans leur grande majorité issus de familles où se pratique la violence éducative, parfois mêlée d'ailleurs au laxisme, car les deux vont souvent de pair.

Pour contrecarrer la tendance qui pousse les hommes à justifier et à reproduire la violence de leur éducation, si extrême qu'elle ait été, il est donc essentiel qu'une autorité supérieure à celle des parents, l'autorité de l'Etat, dise clairement qu'on ne doit pas traiter les enfants avec violence, que c'est interdit et dangereux. Et là je suis bien d'accord avec

---

[31] Directeur de recherche à l'INSERM, responsable de l'équipe "Santé de l'adolescence. Cf. en particulier sa contribution à l'ouvrage collectif *Souffrances et violences à l'adolescence*, ESF, 2000.

vous sur la nécessité de la loi. Mais la loi doit être faite pour protéger les faibles des puissants et non l'inverse. Il faut que tous ceux qui ont un pouvoir quelconque sur les autres et donc une capacité de nuisance et de destruction, que ce soit par leur force physique (les parents et adultes en général à l'égard des enfants), mécanique (les automobilistes dans les bolides meurtriers que sont les voitures), ou économique et politique, soient tenus en bride. Si les enfants ont besoin de limites structurantes, à plus forte raison les adultes qui disposent sur la fragilité de leurs enfants d'une puissance démesurée.

On pourrait peut-être dire qu'une société vraiment responsable doit jouer à l'égard des adultes le même rôle que les parents à l'égard des enfants : leur laisser le maximum de liberté, mais éviter qu'ils n'adoptent des comportements dangereux, surtout à l'égard de leurs enfants. Et la violence éducative est un de ces comportements dangereux, malheureusement consacré par la tradition et même les religions, et pratiqué de façon massive, bien qu'inégale en intensité, partout dans le monde. Jusqu'à une époque très récente, on ignorait tout des dangers de cette violence. Aujourd'hui, ils sont prouvés et indubitables mais encore très largement ignorés. C'est donc un devoir pour la société d'informer les parents et de les aider à trouver d'autres moyens d'éducation.

C'est d'autant plus un devoir que, vu les redoutables effets de notre civilisation sur la planète Terre et les menaces qui en résultent, nous avons vraiment besoin, pour répondre à ces défis, d'enfants, d'adolescents et d'adultes qui aient une affectivité et une intelligence intactes et non pas mises sens dessus dessous par la violence éducative.

Voilà ce que je tenais à redire en le replaçant

dans ce que je crois être l'évolution et la logique de la vie.

Nous pouvons maintenant, à moins que vous ne souhaitiez y ajouter votre propre synthèse, clore ce débat commencé en janvier dernier et qui se termine à peu près à Noël, fête des enfants par excellence.

Si nous devons publier cette correspondance, je vous propose de l'intituler :

Œdipe ou Laïos?
Dialogue sur l'origine de la violence

Il me semble que ce titre traduirait bien son sujet.

Si l'idée de publier cette correspondance vous convient toujours, merci de me le confirmer.

Bonnes fêtes de Noël et de Nouvel An, à vous et aux vôtres.

XXIX

Michel Pouquet 3 janvier 2003

Cher Monsieur,
OK, nous n'irons pas plus loin. Si vous croyez que ces échanges méritent publication, je n'y vois aucun inconvénient. Si cela peut provoquer une interrogation chez certains, tant mieux.
Mais je souhaiterais apporter une certaine retouche au titre que vous proposez : "Œdipe ou Laïos?" en l'écrivant : "Œdipe et Laïos" (sans point d'interrogation). Car l'alternative que vous évoquez vous convient sans doute - mais pas à moi! Je suis tout à fait d'accord avec vous pour refuser la violence de Laïos, que celle-ci relève de l'idéologie ou du sadisme. Tous mes efforts, au long de ces échanges, ont été d'essayer de vous faire entrevoir qu'à côté d'une violence inacceptable, et génératrice en retour de violence chez l'enfant, il y avait aussi une violence pulsionnelle chez le tout-petit, qui appelait en retour, pour la contrer, ce minimum de violence qu'apporte LA Loi : dire non, et sanctionner (sans prôner pour autant, bien sûr, la fessée!). Je condamne avec vous Laïos, mais je voudrais que l'on n'oublie pas Œdipe, sans qu'il y ait à choisir entre les deux... Et avec Œdipe toute cette part inconnue de nous-même, que l'on nomme inconscient, qui risque de nous jouer, à

nous tous comme à lui, bien des tours si nous le méconnaissons. *"Ne cède pas sur ton désir"*, énonçait Lacan : reconnais ton désir, même s'il est scandaleux. C'est le meilleur moyen d'essayer de contrer cette pente naturelle de chacun vers le mal.

Enfin, puisque vous voulez bien me laisser le dernier mot, je n'en abuserai pas, il sera bref. Nier la violence qui est au cœur de chacun - fessée ou pas - est le meilleur moyen, malgré les meilleures intentions du monde, d'ajouter à la violence... Je ne peux faire plus que le rappeler, avec la conviction de celui qui, tous les jours, entend parler cette violence qui est au cœur de l'homme, et ne doit rien à la fessée.

Les affaires de la cité ne sont pas du ressort de l'analyste, en tant que tel. Il peut s'aventurer à parler, ou écrire, livrant à ceux qui veulent l'entendre un peu de vrai sur l'approche du réel humain. Mais ensuite, face à une incompréhension qu'il sait inévitable, il ne peut que murmurer en lui-même, comme Galilée, *"et pourtant elle tourne"*...

Bien cordialement à vous, en espérant qu'après ces échanges, il nous sera possible de nous rencontrer, en troquant la plume contre un verre de bon vin!

654998 - Mai 2016
Achevé d'imprimer par